吉林全書

雜集編

㉑

吉林文史出版社

圖書在版編目（CIP）數據
滿洲祭神祭天典禮 / (清) 愛新覺羅・胤禄等修纂 ; (清) 阿桂, (清) 于敏中譯. -- 長春 : 吉林文史出版社, 2025. 5. -- (吉林全書). -- ISBN 978-7-5752-1120-8
Ⅰ. K892.98
中國國家版本館 CIP 數據核字第 2025WR4682 號

MANZHOU JI SHEN JI TIAN DIANLI
滿 洲 祭 神 祭 天 典 禮

修　　纂　［清］愛新覺羅・胤禄等
譯　　者　［清］阿　桂　于敏中
出 版 人　張　强
責任編輯　王　非　高冰若
封面設計　溯成設計工作室
出版發行　吉林文史出版社
地　　址　長春市福祉大路5788號
郵　　編　130117
電　　話　0431-81629356
印　　刷　吉林省吉廣國際廣告股份有限公司
印　　張　24.75
字　　數　75千字
開　　本　787mm × 1092mm　1/16
版　　次　2025年5月第1版
印　　次　2025年5月第1次印刷
書　　號　ISBN 978-7-5752-1120-8
定　　價　125.00圓

《吉林全書》編纂委員會

總主編　曹路寶

雜集編主編　胡維革　李德山　劉奉文

《吉林全書》學術顧問委員會

學術顧問（按姓氏音序排列）

邴　正　陳紅彦　程章燦　杜澤遜　關樹東　黃愛平　黃顯功　江慶柏

姜偉東　姜小青　李花子　李書源　李　岩　李治亭　厲　聲　劉厚生

劉文鵬　全　勤　王　鍔　韋　力　姚伯岳　衣長春　張福有　張志清

總序

『長白雄東北，嵯峨俯塞州。』吉林省地處中國東北中心區域，是中華民族世代生存融合的重要地域，素有『白山松水』之地的美譽。歷史上，華夏、濊貊、肅慎和東胡族系先民很早就在這片土地上繁衍生息，高句麗、渤海國等中國東北少數民族政權在白山松水間長期存在，以契丹族、女真族、蒙古族、滿族融合漢族在内的多民族形成的遼、金、元、清四個朝代，共同賦予吉林歷史文化悠久獨特的優勢和魅力，決定了吉林文化不可替代的特色與價值，具有緊密呼應中華文化整體而又與衆不同的生命力量，見證了中華民族共同體的融鑄和我國統一多民族國家的形成與發展。

提到吉林，自古多以千里冰封的寒冷氣候爲人所知，一度是中原人士望而生畏的苦寒之地，一派肅殺之氣。再加上吉林文化在自身發展過程中存在着多次斷裂，致使衆多文獻湮没、典籍無徵，一時多少歷史文化精粹『明珠蒙塵』，因此，形成了一種吉林缺少歷史積澱，文化不若中原地區那般繁盛的偏見。實際上，在數千年的漫長歲月中，吉林大地上從未停止過文化創造，自青銅文明起，從先秦到秦漢，再到隋唐直至明清，吉林地區不僅文化上不輸中原地區，還對中華文化産生了深遠的影響，爲後人留下了衆多優秀古籍，涵養着吉林文化的根脉，猶如璀璨星辰，在歷史的浩瀚星空中閃耀着奪目光輝，標注着地方記憶的傳承與中華文明的賡續。我們需要站在新的歷史高度，用另一種眼光去重新審視吉林文化的深邃與廣闊，通過豐富的歷史文獻典籍去閱讀吉林文化的傳奇與輝煌。

吉林歷史文獻典籍之豐富，源自其歷代先民的興衰更替、生生不息。吉林文化是一個博大精深的體系，從左家山文化的『中華第一龍』，到西團山文化的青銅時代遺址，再到二龍湖遺址的燕國邊城，都見證了吉林大地的文明在中國歷史長河中的肆意奔流。早在兩千餘年前，高句麗人的《黄鳥歌》《人參贊》以及《留記》等文史作品就已在吉林誕生，成爲吉林地區文學和歷史作品的早期代表作。高句麗文人之《新集》，渤海國人『疆理雖重海，車書本一家』之詩篇，金代海陵王詩詞中的『一咏一吟，冠絶當時』，再到金代文學的『華實相扶，骨力遒上』，皆凸顯出吉林不遜文教，獨具風雅之本色。

吉林歷史文獻典籍之豐富，源自其地勢四達并流、山水環繞。吉林土地遼闊而肥沃，山河壯美而令人神往，吉林大地可耕可牧、可漁可獵，無門庭之限，亦無山河之隔，進出便捷，四通八達。沈兆禔在《吉林紀事詩》中寫道，『肅慎先徵孔氏書』，印證了東北邊疆與中原交往之久遠。早在夏代，居住於長白山脚下的肅慎族就與中原建立了聯係。一部《吉林通志》，『考四千年之沿革，挈領提綱；綜五千里之方輿，辨方正位』，從時間和空間兩個維度，寫盡吉林文化之淵源深長。

吉林歷史文獻典籍之豐富，源自其民風剛勁、民俗絢麗。《長白徵存録》寫道，『日在深山大澤之中，伍鹿豕，耦虎豹，非素嫻技藝，無以自衛』，描繪了吉林民風的剛勁無畏，爲吉林文化平添了幾分豪放之感。清代藏書家張金吾也在《金文最》中評議，『知北地之堅强，絶勝江南之柔弱』，足可見，吉林大地與生俱來的豪健英杰之氣。同時，與中原文化的交流互通，也使邊疆民俗與中原民俗相互影響、不斷融合，既體現出敢於拼搏、鋭意進取的開拓精神，又兼具脚踏實地、穩中求實的堅韌品格。

吉林歷史文獻典籍之豐富，源自其諸多名人志士、文化先賢。自古以來，吉林就是文化的交流彙聚之地，從遼、金、元到明、清，每一個時代的文人墨客都在這片土地留下了濃墨重彩的文化印記。特别是，清代東北流人的私塾和詩社，爲吉林注入了新的文化血液，用中原的文化因素教化和影響了東北的人文氣質和文化形態；至近代以『吉林三杰』宋小濂、徐鼐霖、成多禄爲代表的地方名賢，以及寓居吉林的吴大澂、金毓黻、劉建封等文化名家，將吉林文化提升到了一個全新的高度，他們的思想、詩歌、書法作品中無一不體現着吉林大地粗狂豪放、質樸豪爽的民族氣質和品格，滋養了孜孜矻矻的歷代後人。

盛世修典，以文化人，是中華民族延續至今的優良傳統。我們在歷史文獻典籍中尋找探究有價值、有意義的歷史文化遺産，於無聲中見證了中華文明的傳承與發展。吉林省歷來重視地方古籍與檔案文獻的整理出版。自二十世紀八十年代以來，李澍田教授組織編撰的《長白叢書》，開啓了系統性整理、組織化研究吉林文獻典籍的先河，贏得了『北有長白，南有嶺南』的美譽；進入新時代以來，鄭毅教授主編的《長白文庫》叢書，繼續肩負了保護、整理吉林地方傳統文化典籍，弘揚民族精神的歷史使命，從大文化的角度折射出吉林文化的繽紛异彩。隨着《中國東北史》和《吉林通史》等一大批歷史文化學術著作的問世，形成了獨具吉林特色的歷史文化研究學術體系和話語體系，對融通古今、賡續文脉發揮了十分重要的作用。正是擁有一代又一代富有鄉邦情懷的吉林文化人的辛勤付出和豐碩成果，使我們具備了進一步完整呈現吉林歷史文化發展全貌，淬煉吉林地域文化之魂的堅實基礎和堅定信心。

當前，吉林振興發展正處在滚石上山、爬坡過坎的關鍵時期，機遇與挑戰并存，困難與希望同在。站在這樣的歷史節點，迫切需要我們堅持高度的歷史自覺和人文情懷，以文獻典籍爲載體，全方位梳理和展示吉林政治、經濟、社會、文化發展的歷史脉絡，讓更多人瞭解吉林歷史文化的厚度和深度，感受這片土地獨有的文化基因和精神氣質。

鑒於此，吉林省委、省政府作出了實施《吉林全書》編纂文化傳承工程的重大文化戰略部署，這不僅是深入學習貫徹習近平文化思想、認真落實黨中央關於推進新時代古籍工作要求的務實之舉，也是推進吉林優秀傳統文化保護傳承、建設文化强省的重要舉措。歷史文獻典籍是中華文明歷經滄桑留下的最寶貴的東西，是吉林優秀歷史文化『物』的載體，彙聚了古人思想的寶藏、先賢智慧的結晶。對歷史最好的繼承，就是創造新的歷史。傳承延續好這些寶貴的民族記憶，就是要通過深入挖掘古籍藴含的哲學思想、人文精神、價值理念、道德規範，推動中華優秀傳統文化創造性轉化、創新性發展，作用于當下以及未來的經濟社會發展，更好地用歷史映照現實、遠觀未來。這是我們這代人的使命，也是歷史和時代的要求。

從《長白叢書》的分散收集，到《長白文庫》的萃取收録，再到《吉林全書》的全面整理，以歷史原貌和文化全景的角度，進一步闡釋了吉林地方文明在中華文明多元一體進程中的地位作用，講述了吉林人民在不同歷史階段爲全國政治、經濟、文化繁榮所作的突出貢獻，勾勒出吉林文化的質實貞剛和吉林精神的雄健磊落、慷慨激昂，引導全省廣大幹部群衆更好地瞭解歷史、瞭解吉林，挺起文化脊梁、樹立文化自信，不斷增强砥礪奮進的恒心、韌勁和定力，持續激發創新創造活力，提振幹事創業的精氣神，爲吉林高品質發展明顯進位、全面振興取得新突破提供有力文化支撑，彙聚强大精神力量。

爲扎實推進《吉林全書》編纂文化傳承工程，我們組建了以吉林東北亞出版傳媒集團爲主體，涵蓋高等院校、研究院所、新聞出版、圖書館、博物館等多個領域專業人員的《吉林全書》編纂委員會，并吸收國内知名清史、民族史、遼金史、東北史、古典文獻學、古籍保護、數字技術等領域專家學者組成顧問委員會，經過認真調研、反復論證，形成了《〈吉林全書〉編纂文化傳承工程實施方案》，確定了『收集要全、整理要細、研究要深、出版要精』的工作原則，明確提出在編纂過程中不選編、不新創，尊重原本、致力全編，力求全方位展現吉林文化的多元性和完整性。在做好充分準備的基礎上，《吉林全書》編纂文化傳承工程於二〇二四年五月正式啓動。

爲高質量完成編纂工作，編委會對吉林古籍文獻進行了空前的彙集，廣泛聯絡國内衆多館藏單位，尋訪民間收藏人士，重點以吉林省方志館、東北師範大學圖書館、長春師範大學圖書館、吉林省社科院爲收集源頭開展了全面的挖掘、整理和集納；同時，還與國家圖書館、上海圖書館、南京圖書館、遼寧省圖書館、吉林省圖書館、吉林市圖書館等館藏單位及各地藏書家進行對接洽談，獲取了充分而精准的文獻信息。同時，專家學者們也通過各界友人廣徵稀見，在法國國家圖書館、日本國立國會圖書館、韓國國立中央圖書館等海外館藏機構搜集到諸多珍貴文獻。在此基礎上，我們以審慎的態度對收集的書目進行甄别、分類、整理和研究，形成了擬收録的典藏文獻名録，分爲著述編、史料編、雜集編和特編四個類别。此次編纂工程不同於以往之處，在於充分考慮吉林的地理位置和歷史變遷，將散落海内外的日文、朝鮮文、俄文、英文等不同文字的相關文獻典籍一并集納收録，并以原文搭配譯文的形式收於特編之中。截至目前，我們已陸續對一批底本最善、價值較高的珍稀古籍進行影印出版，爲館藏單位、科研機構、高校院所以及歷史文化研究者、愛好者提供參考和借鑒。

『周雖舊邦，其命維新』，文獻典籍最重要的價值在於活化利用。編纂《吉林全書》并不意味着把古籍束之高閣，而是要在『整理古籍、複印古書』的基礎上，加强對歷史文化發展脉絡的前後貫通、左右印證，更好地服務於對吉林歷史文化的深入挖掘研究。爲此，我們同步啓動實施了『吉林文脉傳承工程』，旨在通過『研究古籍、出版新書』，讓相關學術研究成果以新編新創的形式著述出版，借助歷史智慧和文化滋養，通過創造性轉化、創新性發展，探尋當前和未來的發展之路，以守正創新的正氣和鋭氣，賡續歷史文脉、譜寫當代華章。

做好《吉林全書》編纂文化傳承工程是一項『汲古潤今，澤惠後世』的文化事業，責任重大、使命光榮。我們將秉持敬畏歷史、敬畏文化之心，以精益求精、止於至善的工作信念，上下求索、耕耘不輟，爲實現文化種子『藏之名山，傳之後世』的美好願景作出貢獻。

《吉林全書》編纂委員會

二〇二四年十二月

凡例

一、《吉林全書》（以下簡稱《全書》）旨在全面系統收集整理和保護利用吉林歷史文獻典籍，傳播弘揚吉林歷史文化，推動中華優秀傳統文化傳承發展。

二、《全書》收録文獻地域範圍，首先依據吉林省當前行政區劃，然後上溯至清代吉林將軍、寧古塔將軍所轄區域内的各類文獻。

三、《全書》收録文獻的時間範圍，分爲三個歷史時段，即一九一一年以前，一九一二至一九四九年，一九四九年以後。每個歷史時段的收録原則不同，即一九一一年以前的重要歷史文獻，收集要『全』；一九一二至一九四九年間的重要典籍文獻，收集要『精』；一九四九年以後的著述豐富多彩，收集要『精益求精』。

四、《全書》所收文獻以『吉林』爲核心，着重收録歷代吉林籍作者的代表性著述，流寓吉林的學人著述，以及其他以吉林爲研究對象的專門著述。

五、《全書》立足於已有文獻典籍的梳理、研究，不新編、新著、新創。出版方式是重印、重刻。

六、《全書》按收録文獻内容，分爲著述編、史料編、雜集編和特編四類。

著述編收録吉林籍官員、學者、文人的代表性著作，亦包括非吉林籍人士流寓吉林期間創作的著作。作品主要爲個人文集，如詩集、文集、詞集、書畫集等。

史料編以歷史時間爲軸，收録一九四九年以前的歷史檔案、史料、著述，包含吉林的考古、歷史、地理資料等；收録吉林歷代方志，包括省志、府縣志、專志、鄉村村約、碑銘格言、家訓家譜等。

雜集編收録關於吉林的政治、經濟、文化、教育、社會生活、人物典故、風物人情的著述。

特編收録就吉林特定選題而研究編著的特殊體例形式的著述。重點研究認定『滿鐵』文史研究資料和東北亞各民族不同語言文字的典籍等。關於特殊歷史時期，比如，東北淪陷時期日本人以日文編寫的『滿鐵』資料作爲專題進行研究，以書目形式留存，或進行數字化處理。開展對滿文、蒙古文，高句麗史、渤海史、遼金史的研究，對國外研究東北地區史和高句麗史、渤海史、遼金史的研究成果，先作爲資料留存。

七、《全書》出版形式以影印爲主，影印古籍的字體版式與文獻底本基本保持一致。

八、《全書》整體設計以正十六開開本爲主，對於部分特殊内容，如，考古資料等書籍采用一比一的比例還原呈現。

九、《全書》影印文獻每種均撰寫提要或出版説明，介紹作者生平、文獻内容、版本源流、文獻價值等情況。影印底本原有批校、題跋、印鑒等，均予保留。底本有漫漶不清或缺頁者，酌情予以配補。

十、《全書》所收文獻根據篇幅編排分册，篇幅適中者單獨成册，篇幅較大者分爲序號相連的若干册，篇幅較小者按類型相近或著作歸屬原則數種合編一册。數種文獻合編一册以及一種文獻分成若干册的，頁碼均單排。若一本書中收録兩種及以上的文獻，將設置目録。各册按所在各編下屬細類及全書編目順序編排序號，全書總序號則根據出版時間的先後順序排列。

滿洲祭神祭天典禮

［清］愛新覺羅・胤祿等　修纂
［清］阿桂　于敏中　譯

提要

《滿洲祭神祭天典禮》，愛新覺羅·胤禄等奉敕修纂，乾隆四十二年（一七七七），大學士阿桂、于敏中奉諭旨將其譯成漢文，乾隆四十五年（一七八〇）收入《四庫全書》。愛新覺羅·胤禄（一六九五—一七六七），號愛月主人，清朝宗室、大臣，康熙皇帝第十六子。雍正帝胤禛即位後，爲避其名諱，其他皇兄弟都改『胤』字爲『允』字排行。因此又作『允禄』。康熙末年，掌内務府。阿桂出生于一七一七年，早年因父蔭任大理寺寺丞，乾隆三年（一七三八）考中舉人。嘉慶二年（一七九七）逝世，享年八十一歲，獲贈太保，謚號『文成』。于敏中，一七一四年出生於江蘇金壇，他組織編纂了《四庫全書》等多部類書、典籍。此書成書於乾隆十二年（一七四七），是愛新覺羅·胤禄帶領衆多王公大臣奉命修纂而成，他們搜集薩滿教各種祭祀儀式、祝詞等進行詮釋，并詳細考訂而成。漢文底本被金毓黻收録於《遼海叢書》中，該書對於研究滿族、清宫的祭祀禮儀有重要參考價值。底本有《四庫全書》本，《遼海叢書》本等版本。

爲盡可能保存古籍底本原貌，本書做影印出版，因此，書中個別特定歷史背景下的作者觀點及表述内容，不代表編者的學術觀點和編纂原則。

欽定滿洲祭神祭天典禮

上諭

乾隆十二年七月初九日內閣鈔出乾隆十二年七月初九日

奉

上諭我滿洲稟性篤敬立念肫誠恭祀

天

佛與神厥禮均重惟姓氏各殊禮皆隨俗凡祭神祭天背鐙諸祭雖微有不同而大端不甚相遠若我愛新覺羅姓之祭神則自大內以至王公之家皆以祝辭爲重但昔時司祝之人俱生於本處幼習國語凡祭神祭天背鐙獻神報祭求福及以麪豬祭天去祟祭田苗神祭馬神無不斟酌事體編爲吉祥之語以禱祝之厥後司祝者國語俱由學而能互相授受於贊祝之原字原音漸致淆舛不惟大內分出之王等累世相傳家各異詞即大

內之祭神祭天諸祭贊祝之語亦有與原字原韻不相脗合者
若不及今改正垂之於書恐日久訛漏滋甚爰命王大臣等敬
謹詳考分别編纂並繪祭器形式陸續呈覽朕親加詳覈酌定
凡祝辭內字韻不符者或詢之故老或訪之士人朕復加改正
至若器用內楠木等項原無國語者不得不以漢語讀念今悉
取其意譯爲國語共纂成六卷庶滿洲享祀遺風永遠遵行弗
墜而朕尊崇祀典之意亦因之克展矣書既告竣名之曰滿洲
祭神祭天典禮所有承辦王大臣官員等職名亦著敘入欽此

經筵日講起居注官太子太保武英殿大學士文淵閣領閣事
御前大臣管理吏部事務掌翰林院事領侍衛內大臣一等誠謀英勇公臣阿　桂謹
奏查滿洲祭祀一書共六卷欽奉
諭旨令 臣 阿桂同于敏中譯漢編入四庫全書 臣 等業將卷一至
卷四敬謹譯出進
呈荷蒙
睿鑒其卷五係器用造作之法卷六係器用形式圖久經譯出今
復加詳細校對繪圖恭呈
御覽再原奉
諭旨令 臣 等將
坤寧宮所祭之
佛
菩薩

關帝以及
堂子所祭之
神並祭
天之處詳細分别其不能詳溯緣起及祝辭内相傳舊語有其聲而
無其義者併以闕疑傳信之意敬撰跋語綴於簡末所有謹擬
跋語一條附於漢本卷四之後黏貼黄簽進
呈統俟
欽定發下時交館編入四庫全書以垂永久並繕寫二分一分送
懋勤殿陳設一分交
尚書房收貯爲此謹
奏
乾隆四十五年七月初二日奉
旨知道了跋語即行繙出清文欽此

謹案
欽定滿洲祭神祭天典禮一書稽考舊章釐正同異允足昭信而
傳遠茲復仰承
諭旨令臣等譯漢纂入四庫全書臣等依據清文詳加推譯伏考
坤寧宮所朝祭者為
釋迦牟尼佛
觀世音菩薩
關聖帝君所夕祭者為
穆哩罕
畫像神
蒙古神其月祭大祭翌日則敬申報祀於
天神而祝辭所稱乃有阿琿年錫安春阿雅喇穆哩穆哩哈納丹岱
琿納爾琿軒初恩都哩僧固拜滿章京納丹威瑚哩恩都蒙鄂

樂喀屯諸延諸號中惟納丹岱琿即七星之祀其喀屯諸延即
蒙古神以先世有德而祀其餘則均無可考又樹柳枝求福之
神稱爲佛立佛多鄂謨錫瑪瑪者知爲保嬰而祀
堂子內尚錫之神知爲田苗而祀而祝辭所稱鈕歡台吉武篤本貝
子者則亦不得其緣起蓋古者一方一國各有專祀或因靈應
所著而報以馨香或因功德在人而申其薦饗故相沿舊俗昭
事維虔祭法所謂有其舉之莫敢廢也洎
寶祚誕膺萬靈申佑益著爲令典用答
神庥雖世遠年湮不能盡詳其始末然考禮記文王世子稱釋奠於
先師鄭元所注不能舉先師爲誰但以周禮瞽宗及漢代經師
爲例知古人於相傳祀典無從溯其本源者皆不妄引其人以
實之致涉誣罔故今亦闕所不知不敢附會其辭以昭敬愼又
祝辭之文有意義可尋繹者皆依類譯漢至於卓爾歡鍾依珠

嚕珠克特亨哲伊哷呼哲納爾琿哲古依雙寬斐孫安哲鄂囉羅諸字皆但有音聲莫能訓解蓋自大金天興甲午以後典籍散佚文獻無徵故老流傳惟憑口授歷年既遠遂不甚可明考漢代樂府如臨高臺之收中吾有所思之妃呼豨皆有其聲而無其義又宋書樂志載鐸舞曲聖人制禮樂篇亦全篇皆取對音歷代相傳均闕疑而不敢改今亦恭錄原文不敢強爲竄易以存其本眞焉

經筵日講起居注官太子太保武英殿大學士文淵閣領閣事御前大臣管理吏部事務掌翰林院事領侍衛內大臣一等誠謀英勇公臣阿桂

經筵日講起居注官太子太保文華殿大學士文淵閣領閣事掌翰林事管理戶部事務一等輕車都尉臣于敏中

經筵日講起居注官太子太保武英殿大學士文淵閣領閣事
御前大臣管理吏部事務掌翰林院事
領侍衛内大臣一等誠謀英勇公臣阿　桂謹
奏所有滿洲祭祀典禮跋語一條前經遵
旨恭擬進
呈欽奉
諭旨即行繙出清文欽此隨率同繙書房官員敬謹繙出恭錄呈
覽伏候
欽定發下時照依清本式樣繕寫交
武英殿補行刊刻綴於卷四之末爲此謹
奏
乾隆四十五年七月二十三日奉
旨知道了欽此

遵

旨總辦承修監造監繪謄錄

欽定滿洲祭神祭天典禮之諸王大臣官員等職名

遵

旨總辦

管理內務府事兼管正黃旗滿洲都統事務紀錄三次和碩莊親王 臣允祿

辦理宗人府事務紀錄六次和碩履親王 臣允祹

管理內務府事兼管鑲黃旗滿洲都統紀錄三次和碩和親王 臣弘晝

經筵講官太保大學士議政大臣領侍衛內大臣兼管吏部戶部理藩院事總管內務府大臣管理三庫事務忠勇公加三級軍功加三級 臣傅恆

太子太傅大學士議政大臣領侍衛內大臣兼管刑部尚書事總管內務府大臣 臣來保

太子少保內大臣禮部尚書管理戶部三庫事總管內務府大臣 臣海望

議政大臣工部尚書兼管奉宸院卿事總管內務府大臣 臣三和

管理上虞備用處事兼管滿洲火器營事務御前侍衛都統銜右翼前鋒統領鑾導總管加一級軍加紀錄一次尋常紀錄三次臣阿岱

承修

總管廣儲司六庫事務郎中紀錄十四次臣官著

郎中紀錄七次臣色勒

掌儀司郎中兼佐領紀錄八次臣察喇

員外郎紀錄十次臣明善

司俎官臣六十

監造

總管廣儲司六庫事務郎中兼佐領加二級紀錄十五次臣寶善

管領臣陞官保

監繪

營造司員外郎紀錄三次臣保格

謄錄

掌儀司首領筆帖式加一級臣永泰

首領筆帖式臣宜廷彪

武英殿監造

管理三旗銀兩莊頭處郎中兼佐領加六級紀錄十七次臣永保

管理三旗銀兩莊頭處員外郎兼佐領加一級紀錄四次臣永忠

廣儲司員外郎臣永泰

庫儲司司庫加一級紀錄五次臣桑格

監造加一級臣李保

監造加二級臣姚文斌

庫掌臣虎什泰

庫掌臣高永仁

欽定滿洲祭神祭天典禮目錄

卷一

卷六　二二七

祭神祭天器用形式圖　二二七

欽定滿洲祭神祭天典禮卷一

祭神祭天議

每日
坤寧宮朝祭夕祭每月祭天每歲春秋二季大祭四季獻神每
月於
堂子亭式殿
尚錫神亭內掛獻淨紙春秋二季
堂子立杆大祭一切禮儀俱行之已久燦然美備無可置議惟昔日
司祝之人國語嫻熟遇有喜慶之事均能應時編纂禱祝厥後
司祝之清語不及前人復無典册記載惟口相授受於字句音
韻之間不無差異即如祭天之贊辭掛獻淨紙之禱辭掌儀司
俱載有册檔是以無稍差遺所有司祝之祝禱辭章若不及時
擬定載在册檔誠如

聖諭音韻字句漸至訛舛今謹將
內廷司祝之一切祭神背鐙禱祝贊祈等辭錄出詳閱不惟字
句多有差謬即左右兩翼承充
內廷司祝之贊辭亦彼此互異是以臣等令五旗王公等將各
家祭神辭章錄送並令從前司祝家內將伊等舊有祝禱辭章
悉行錄呈彙寫一帙臣等公同敬謹覆核訂誤補闕删複去冗
又各就所見黏簽恭呈
御覽伏候
欽定再恭查
坤寧宮每日祭神至祭馬神之時復於祭馬神室內另祭所有
祝禱之辭亦應更正臣等逐條繕寫恭呈
御覽如蒙
皇上訓示謹遵繕成全部永遠奉行請自王以下宗室覺羅以及

奉祭覺羅
神之滿洲人等有情願鈔錄者俱准其鈔錄庶爲臣僕者仰沐
皇仁滿洲舊俗不致湮沒而永遠奉行矣謹此議
奏
獻鮮背鐙祭議
我滿洲之禮凡祭神祭天犧牲俱用整齊全備者稍有殘缺即
斥而不用是以祭祀之犧牲供獻
神位不稍留賸即臍與蹄甲亦取置碟內陳於旁案初我滿洲在本
處圍場既近所獲之獸可乘其鮮好背鐙以祭迨入京師圍場
既遠或所獲之獸已越晝夜或係多傷或已取去腑臟因其不
全不敢祭獻今臣等欽遵
上諭公同詳議如
盛京等處畋獵

皇上親射之獸既難送京祭獻請仍照從前不獻外現在
大内凡新得鮮果鮮蔬既恭獻
神位而舊例曾以雛雞鮮魚等物背鐙以祭王等以及各滿洲等亦
仍有以雛雞鮮魚之類背鐙以祭者請嗣後南苑等處附近畋
獵
皇上親射麅鹿等獸内傷止一處尾蹄臟腑齊全者如有
旨令背鐙以祭則所司恭賫交司俎人等敬謹修整祭獻若傷多
殘缺不全者仍請勿用至時新鮮物臣等按其時令請每歲春
季以雛雞各二夏季以子鵝各一秋季以魚各一冬季以雉各
二背鐙以祭其應獻之雛雞子鵞交會計司令莊頭擇肥美者
交納魚雉交都虞司令網戶獵戶擇鮮整者交納均以生者由
掌儀司官員詳視交司俎官敬謹修整於
神位前背鐙以祭等因議准施行

彙記滿洲祭祀故事

我
滿洲國自昔敬
天與
佛與神出於至誠故創基
盛京即恭建
堂子以祀
天又於
寢宮正殿恭建
神位以祀
佛
菩薩
神及諸

祀位祠雖建立
壇
廟分祀
天
佛暨神而舊俗未敢或改與祭祀之禮並行至我
列聖定鼎中原遷都京師祭祀仍遵昔日之制由來久矣而滿洲各
姓亦均以祭神爲至重雖各姓祭祀皆隨土俗微有差異大端
亦不甚相遠若
大內及王貝勒貝子公等均於
堂子內向南祭祀至若滿洲人等均於各家院內向南以祭又有建
立
神杆以祭者此皆祭
天也凡朝祭之

神皆係恭祀
佛
菩薩
關帝惟夕祭之
神則各姓微有不同原其祭祀所由蓋以各盡誠敬以溯本源或受
土地山川
神靈顯佑默相之恩而報祭之也
大內每歲春秋二季於
堂子內立杆祭祀復於
宮內報祭除齋戒並禁止屠宰日期外每日祭神每月初一日
祭天一次四季則有獻神之祭分府之皇子與
宮內居住之皇子如奉
旨在

坤寧宮祭神每月於

皇上祭神祭天後各按次序祭神一日祭天一日其未分府在

紫禁城內居住之皇子每月各於所居之處祭神祭天王貝勒

貝子公等每歲春秋二季挨次在

堂子內立杆祭祀並各於本家報祭每月祭神祭天公侯伯大臣官

員以下至閑散滿洲或每月或每歲或四季二季一季於本家

內祭神先是每歲春秋二季

大內立杆祭神過二三日後親王以下入八分公以上各按班

次由

坤寧宮內恭請朝祭夕祭

神位至於各家屆立杆祭祀之日恭請朝祭

神位在

堂子內祭畢仍請至家內夕間大祭於是挨次恭請

神位祭祀俱照此至於月終
大內司俎官司俎等恭請
神位進宮是時
坤寧宮每日祭祀朝則於供
佛金亭幔帳之前夕則於架幔神位前祭祀康熙五十七年
聖祖仁皇帝
諭旨停止王等恭請
神位雍正元年
世宗憲皇帝
特命莊親王怡親王恭請
神位於其府內各祭一次凡滿洲各姓祭神或用女司祝亦有用男
司祝者自
大內以下閑散宗室覺羅以至伊爾根覺羅錫林覺羅姓之滿

洲人等俱用女司祝以祭從前
內廷主位及王等福晉皆有爲司祝者今
大內祭祀仍揀擇覺羅大臣官員之命婦爲司祝以承祭事凡
宮內居住皇子有
旨令在
坤寧宮祭神仍用覺羅司祝祭祀外若
紫禁城內居住之皇子祭神則於上三旗包衣佐領管領下之
覺羅或異姓大臣官員閑散滿洲人等妻室內選擇爲司祝令
其承祭其已分府之皇子及王貝勒貝子公等俱於各該屬旗
包衣佐領管領下之覺羅或異姓大臣官員閑散滿洲人等妻
室內選擇爲司祝令其承祭如屬下並無爲司祝之人或於各
屬下包衣佐領管領下之滿洲婦人內選擇令其爲司祝以祭
或另請司祝以祭自公侯伯大臣官員以下以至閑散滿洲用

女司祝祭祀者俱於本族中選擇以承祭事如實不能得人即於家內仿照司祝祭神之例整理祭物焚香獻酒本家家長叩頭省牲供肉叩頭以祭其用男司祝祭祀之家各由本家請男司祝以祭自

大內以下閑散宗室覺羅以至伊爾根覺羅錫林覺羅姓之滿洲人等祭祀均用豬

大內每日朝夕各用豬二祭天用豬一王以下入八分公以上立杆大祭日朝夕各用豬二至閑散宗室覺羅等常祭並報祭之日朝夕各用豬一祭天用豬一

大內春秋立杆祭神後祭馬神二日各用豬二王公等祭馬神一日各用豬一求福祭祀用鯉魚二其餘各姓滿洲內有惟求福者亦有惟祭天者祭神祭天止用豬一或用羊一或用豬羊各一或用豬數口羊數牽或用小豬鵝魚不等至於灌酒熟胙

供獻則大略相同
大內則
主位或以初次所獲禽獸或以新得鶩魚之類背鐙以祭其王等
以及滿洲家亦有以鶩雞與魚並新穫米穀等物背鐙以祭者
除祭神祭天樹柳枝祭求福以及祭馬神外滿洲人等又有因
子女出痘因避以豬餻祭天者謂之痘祭以餻祭天者謂之餻
祭昏夜於室西山牆外以小豬祭天者謂之去祟田苗正長因
生蟊或遇旱前往田間懸掛紙條如斿以細木夾之蒸餻與飯
捧至田間以祭謂之祭田苗神至於秋收後蒸餻捧至場院以
祭者謂之祭場院復有夜祭七星者謂之禳祭再滿洲人等久
居屯莊有欲祭神者於臥室內以繩貫於新衣飾如神幔照平
日祭神之禮以酒餻與豬祭之是以
聖祖仁皇帝幸

暢春園
熱河駐蹕日久即在
暢春園
熱河張掛神幔設
佛亭神位以祭今
聖主法
祖懿行於乾隆八年駐蹕
盛京時亦曾懸掛神幔設
佛亭神位以祭焉至於祭天之禮滿洲人等於所至之地皆可舉行
但尋潔淨之木以爲神杆或置祭斗或縛草把購豬灑米以祭
自王貝勒貝子公等以至宗室覺羅滿洲各姓大臣官員閑散
滿洲凡遇喜慶之事各以財物獻神如有應禱祝之事亦以財
物獻神求福再大臣官員滿洲人等聘女先期取婿家財物獻

於
神位以之獻神祭天而滿洲内亦有
神位前不設抽屜桌僅在神板上供獻香碟者凡祭祀行禮時主祭之人皆免冠以致誠敬至於供餻之禮
大内每歲春秋二季立杆大祭則以打餻搓條餑餑供獻正月以鐵子供獻五月以椴葉餑餑供獻六月以蘇葉餑餑供獻七月以新黍蒸淋漿餻供獻八月以新稷蒸飯用木榔頭打熟作爲餃子煠油供獻餘月俱以灑餻供獻除淋漿餻搓條餑餑外俱用稷米王府亦如之至各姓滿洲人家有同此供獻者或有供獻豆麪餑餑者或以稷米蒸飯供獻者或以新麥煮飯供獻者復有以新穫莜磨麪作餅甚薄謂之煎餅以供獻於
神位者至若江南各省駐防滿洲人等因其地不產稷米即以江米代之在京之滿洲人等或無莊頭者其釀酒灑餻打餻即以所

領俸米內江米代稷米用之其釀酒之法
大內春秋二季立杆大祭則於四十日前設缸蒸稷米飯和麴
釀之謂之淸酒每月常祭則三日前亦蒸稷米飯和麴釀之謂
之醴酒王府亦如之若滿洲人等釀酒或以稷米或以江米又
有滿洲人家或以粟米或以稷米或以蒼耳燒酒以祭者凡滿
洲人等祭祀所用之酒與餻皆自釀造並不沽之於市是以
大內特立神廚每月祭祀釀醴酒製麴磨麪蒸米煮豆炒菽作
搓條餑餑饊子蘇油俱於神廚造作其碓磨蒸籠鍋缸木槽栁
斗簸籮桶擔篩籮簸箕之類皆專設一分以上器皿他處不准
使用王府及勳舊滿洲人家均各專設一分若單姓寒門並無
另室之家于祭期之前整理祭品後洗滌鍋缸封閉以備祭祀
之用是以舊俗當此時或比鄰或戚眷以整理祭品之家已封
閉鍋竈各備飯殽送往至祭神祭天之期凡送飯之人俱邀請

共食祭肉在從前在本處祭祀時不得上好淨紙是以各家或
以夏布或以麻苧擣至熟爛入水浸泡拌以穅粃掛於簾幔以
造紙焉至於滿洲人等自昔遵行祭祀諱忌規條凡
神位必供於正室背鐙祭祀之肉例得出門其朝祭之肉除皮骨外
一槪不准出戶凡食祭肉雖奴僕經家長使役亦不得口含嚼
咀以踰戶閾必下咽方准出祭室之門亦有人家祭肉俱准出
門者又有人家即背鐙祭肉亦不准出門者其祭祀用豬之滿
洲人家如遇墓祭喪祭皆不用豬是以
世祖章皇帝
特命於
陵寢祭獻所用之生牛羊豬內將豬易以牛一羊二凡滿洲豢養牲
畜人家不令豬入祭室院內倘有走入者即省其豬以祭之省
者避宰割之辭豬死則謂之氣息凡祭祀背鐙所用之豬皆謂

之犧牲祭祀時焚掛獻之紙錢曰化之燒燎豬之頭蹄刷去其毛則不曰刮之而曰燖之若已整理祭品又以釀酒則不入有服之家倘遇不得已之事必須往者已污其目則不即入祭室必俟新更月建後始入焉或易其衣冠沐浴過三日後亦可入

滿洲人等如本家遇有孝服者必請出

神位暫安於潔淨之室若族中孝服則在大門外釋去孝衣始入院內如無另室之家則淨面洗目焚草越火而過之始入供

神位之板或以紅紬方幅或以紅氈或以紅紙掩蔽之祭神之室及院不准持鞭以入祭室之內不准露置財帛不准妄行垂淚不綴纓緯者不准其入不責處人不語傷心事不言忌諱惡語務擇嘉祥吉慶事言之

聖祖仁皇帝屢降

諭旨於故老所謂諱忌之事

訓戒嚴切仰惟
聖祖仁皇帝家訓所載故舊滿洲人等諱忌一事皆與古昔載籍相
符今夫同一諱忌之事家有尊長者子孫則爲尊長諱忌之若
子孫衆多之家尊長亦爲子孫諱忌之此皆恤下敬上之意爾
等當知之而奉行之也
坤寧宮元旦行禮儀注
正月初一日三更司香於
坤寧宮朝祭夕祭
神位前俱點香
皇帝
皇后行禮司香鋪氈如遇
皇帝率王貝勒貝子等於
坤寧宮朝祭夕祭

神位前行禮則司香照常點香鋪
皇帝行禮之氈
堂子亭式殿元旦行禮儀注
每歲正月初一日
皇帝恭謁
堂子行禮武備院卿於甬路中間鋪拜褥
皇帝至
亭式殿前向上立鴻臚寺鳴贊贊行禮
皇帝三跪九叩行禮畢還宮預派內務府總管一員於
堂子亭式殿內高案下所立杉木柱上掛淨紙錢二十七張自是諸
王護衛等挨次各掛淨紙錢二十七張司俎官點香
堂子亭式殿祭祀儀注
正月初三日每月初一日於

堂子亭式殿祭祀是日司俎官一員司俎一人於
亭式殿內高案下所立杉木柱上掛紙錢二十七張案上供時食一
盤醴酒一琖又於所設小桌上供椀二一盛酒一空設司香點
香奏三絃琵琶之內監二人於
亭式殿外甬路上西首向東鳴拍板拊掌之看守
堂子人東面向西俱坐司祝進跪司香舉臺琖授司祝司祝接受臺
琖獻酒六次司俎官一員於
亭式殿外階下東首立贊鳴拍板即奏三絃琵琶鳴拍板拊掌司俎
每一獻將所獻之酒注於空椀內復自盛醴酒椀內挹新酒注
於二琖中獻之每一獻司俎官贊歌鄂囉羅看守
堂子人歌鄂囉羅六次獻畢以臺琖授於司香司祝一叩頭興合掌
致敬司俎官贊停拍板其三絃琵琶拍板暫止司香舉神刀授
司祝司祝接受神刀進司俎官贊鳴拍板即奏三絃琵琶鳴拍

板拊掌司祝一叩頭興司俎官贊歌鄂囉羅衆歌鄂囉羅司祝擎神刀禱祝三次誦神歌一次擎神刀禱祝時則歌鄂囉羅誦神歌三次如前儀如是九次畢司祝一叩頭興復禱祝三次以神刀授於司香司俎官贊停拍板其三絃琵琶拍板皆止司祝跪祝一叩頭興合掌致敬退所供酒食分給看守

堂子之人

正月初三日每月初一日

堂子亭式殿祭祀祝辭

上天之子紐歡台吉武篤本貝子某年生小子某年生小子（爲某人祭則呼某人本生年）今敬祝者豐於首而仔於肩衞於後而護於前畀以嘉祥兮齒其兒而髮其黃兮年其增而歲其長兮根其固而身其康兮神兮貺我神兮佑我永我年而壽我兮

尚錫神亭祭祀儀注

每月初一日於
堂子內東南隅
尙錫神亭祭祀獻時食一盤醴酒一琖於高案上司俎點香司俎滿洲掛淨紙於高案下所立杉木柱上自是諸王護衞等挨次掛淨紙滿洲管領一名掛齋戒數珠免冠脫褂解帶入跪祝叩頭叩頭畢出司俎入將供獻之酒注於桌前地上所設大椀內撤所供時食分給管領

每月初一日祭

尙錫神亭管領祝辭

上天之子尙錫之神月已更矣建始維新某年生小子（爲某人祭則呼某人本生年）敬備粢盛兮潔楮並陳惠我某年生小子（爲某人祭則呼某人本生年）覞以嘉祥兮畀以康寧

恭請

神位供於堂子儀注

每歲十二月二十六日恭請

神位供於

堂子是日屆時衣金黃緞衣內監十六人舁二黃緞

神輿進

內左門

近光左門

景和門預備於

坤寧宮門外衣黃緞衣司俎滿洲二人恭請朝祭

神位夕祭

神位各安奉輿內衣金黃緞衣內監十六人舁二輿由

宮殿正門出前引杖四對羊角燈二對亦用衣金黃緞衣太監

執之司俎官二員司俎二人司俎滿洲二人由

宮內前引至

乾清門外侍衛十員前導掌儀司官一員扈行出

東長安門至

堂子於

饗殿內並輿奉安朝祭

神位於東夕祭

神位於西輿前各設大低桌一桌上各供香碟一看守

堂子人員每日朝夕點香二次

恭請

神位入宮儀注

每歲正月初二日自

堂子恭請

神位入

宮是日屆時衣金黃緞衣內監十六人入
饗殿內恭舁二黃緞
神輿前引仗四對羊角燈二對俱用衣金黃緞衣內監執之侍衛十
員前導掌儀司官一員在後扈行仍入
東長安門由
宮殿正門至
乾清門止司俎官二員司俎二人司俎滿洲二人前導進
乾清門至
坤寧宮門外衣黃緞衣司俎滿洲二人由輿內恭請
神位至
坤寧宮各安奉於原
位

坤寧宮月祭儀注

正月初三日每月初一日

坤寧宮祭朝祭

神預將鑲紅片金黃緞神幔用黃棉線繩穿繫其上懸掛西山牆所釘之雕龍頭髹金紅漆三角架以淨紙二張各四折鏤錢四掛於神幔兩端舁供

佛之髹金小亭連座奉安於南首啓亭門次於神幔上懸

菩薩像又次懸

關帝神像均於大炕上東向供奉炕上設紅漆大低桌二桌上供香碟三醴酒三琖時果九碟方切灑糕分爲十盤以九盤供于桌上一供桌下北首七月供淋漿糕亦如之炕沿下供醴酒一罇罇前鋪黃花紅氈設獻酒長低桌桌上列黃磁大椀二一盛醴酒一空設司俎太監等預于中間屋內鍋前地上設油厚高麗紙二張進包錫紅漆大桌二西向分爲二行各置於油高麗紙

上屆時司香點香司俎太監司俎等進豬二於
坤寧宮門外之右首皆北向奏三絃琵琶之司俎太監二司俎
官司俎八首領太監二以次進三絃琵琶在前次十人分二層
排列均向上盤膝坐奏三絃琵琶鳴拍板其後司俎滿洲等屈
一膝跪拊掌司祝進於獻酒桌前跪司香舉臺琖授司祝司祝
接受獻酒六次每一獻將所獻之酒注於空椀內復自盛醴酒
椀內挹新酒注於二琖中以獻每一獻司俎等歌鄂囉羅六次
獻畢司祝以臺琖授於司香一叩頭興合掌致敬三絃琵琶拍
板暫止司香及司香婦人撤盛酒之二椀並獻酒之桌設司祝
叩頭小低桌司香舉神刀授司祝司祝執神刀進司俎等復奏
三絃琵琶鳴拍板拊掌司祝一叩頭興司俎等歌鄂囉羅司祝
擎神刀禱祝三次誦神歌一次擎神刀禱祝時司俎等復歌鄂
囉羅誦神歌三次如前儀如是九次畢司祝跪一叩頭興又禱

祝三次以神刀授於司香奏三絃琵琶鳴拍板人等起立避於
旁
皇帝親詣行禮司香移司祝叩頭小低桌於北首
皇帝進於朝祭
神位前正中向上立司祝先跪
皇帝跪司祝祝畢
皇帝行禮興退司祝叩頭興合掌致敬如同
皇后行禮
皇帝在南
皇后在北行禮司俎官司俎等俱出外惟留司俎婦人太監等在
內如遇
皇帝
皇后不行禮之日司祝叩頭畢司香撤

佛

菩薩前供酒二琖闔供

佛小亭門撤

菩薩像恭貯於黃漆木筒司俎太監等恭舁供

佛小亭並所供二香碟移奉於

坤寧宮西楹大亭香碟供於前小亭座移置於後復移神幔稍

南位

關帝神像於正中所供之酒並香碟皆移正中酒罇用淨袱冪之奏

三絃琵琶鳴拍板人等進坐於原處司香婦人斂氈三折之鋪

於近炕沿處司香舉臺琖授於司祝司俎太監等舁一豬入門

置炕沿下首西向司俎滿洲一人屈一膝跪按其豬司俎官及

司俎首領太監內監等奏三絃琵琶鳴拍板拊掌司祝跪於炕

沿下三折紅氈上斜向西南舉臺琖獻酒一次司俎等照前歌

鄂囉羅獻畢司祝致禱以二琖酒合注一琖中司俎滿洲執豬
耳司祝灌酒於豬耳內以臺琖授司香一叩頭三絃琵琶拍板
暫止司俎滿洲執豬尾移轉豬首向東司俎太監等進前舁豬
暫順放於包錫大桌上司香舉臺琖授司祝司祝接受臺琖舁
第二豬入門獻酒灌酒如前儀以包錫大桌上豬二俱令首西
向橫放省之每桌前令司俎婦人二舉銀裹木槽盆接血司香
婦人撤去氈進紅漆長高桌設於西炕前以接血木槽盆列高
桌上撤去所供餻酒與果豬氣息後司俎等轉豬首順桌向南
直放去其皮按節解開煮於大鍋內其頭蹄及尾俱不去皮惟
燎毛燖淨亦煮於大鍋內以臟腑置於錫裹木槽盆舁出另室
內整理潔淨舁進以盛血木槽盆就地安置司俎滿洲一人進
於高桌前屈一膝跪灌血於腸亦煮鍋內司俎太監等置皮於
盛皮木槽盆內撤去包錫大桌二及油厚高麗紙仍以臍與蹄

甲貯紅漆小木碟內置於炕上所設之大低桌北首邊上俟肉
熟時細切胙肉一椀設筯一雙供於大低桌正中以二豬之肉
分置二銀裏木槽盆內前後腿分設四角胸膛向前尾椿向後
肋列兩旁合湊畢置豬首於上復以臁貼連油整置於鼻柱上
供於
神位前長高桌司香點香司香婦人鋪黃花紅氈一司香舉醴酒椀
一司香舉空椀齊進拱立又一司香舉臺琖授司祝司祝進跪
獻酒三次是獻也凡獻酒換琖注酒及司俎太監等奏三絃琵
琶司俎等鳴拍板司俎滿洲拊掌歌鄂囉羅三次俱如前儀三
獻畢以臺琖授于司香叩頭興合掌致敬
皇帝
皇后親詣行禮如前儀神肉前叩頭畢撤下祭肉不令出戶盛于
盤內于長桌前按次陳列或

皇帝率
皇后受胙或率王大臣等食肉之處請
旨遵行如遇
皇帝不受胙之日令値班大臣侍衛等進內食之食畢司俎太監
等撤去皮骨皮油送交饍房其骨膽蹄甲司俎官送潔淨處化
而投之于河隨將神幔收捲其所掛紙錢存俟月終貯高麗紙
囊內除夕送赴
堂子與
堂子內所掛淨紙及神杆同化之所有
關帝神像恭貯於紅漆木筒其供
佛小亭恭貯
菩薩像木筒及二香碟仍移奉西楹以小亭安奉于亭座上
菩薩像

關帝神像二筒安奉於西山牆繪花紅漆抽屜桌上供香碟三于桌
之東邊其夕祭
神儀預將鑲紅片金青緞神幔繫於黑漆架上用黃色皮條穿大小
鈴七枚繫樺木桿梢懸于架梁之西恭請
穆哩罕神自西按序安奉架上
畫像神安奉于神幔正中設
蒙古神座于左皆于北炕南向炕上設紅漆大低桌二香碟五醴酒
五琖時果九碟以灑饊如前分為十盤其九盤供于桌上一供
桌下西邊炕沿下供醴酒一罇未進豬之前恭請
佛
菩薩像並二香碟供於西楹大亭預令司俎太監等鋪油紙設桌俱
如朝祭儀屆時進豬置於常放之處司香點香司香婦人以司
祝祝禱時所坐黑漆杌置

神位前司俎太監以鼓連架近杌安置司祝繫閃緞裙束腰鈴執手
鼓進於
神位前司俎太監二進西向立一太監擊鼓一太監鳴拍板司祝先
向
神位坐于杌上擊手鼓誦請神歌祈請擊鼓太監一手擊鼓一點以
和手鼓司祝拱立初次向後盤旋蹡步祝禱擊鼓太監雙手擊
鼓三點以和手鼓司祝復盤旋蹡步前進祝禱擊鼓太監雙手
擊鼓五點以和手鼓司祝拱立初次誦請神歌擊鼓五點拍板
三鳴以和之二次向後向前盤旋蹡步祝禱惟擊鼓七點司祝
拱立誦神歌以禱仍擊鼓五點拍板三鳴三次禱祝亦惟擊鼓
十一點司祝拱立三次誦神歌以禱擊鼓四點末以雙槌交擊
一次拍板仍三鳴以和之三次誦神歌禱畢司祝祝禱時惟擊
鼓四點三鼓而止退司祝以手鼓授司香婦人釋閃緞裙腰鈴

司香婦人鋪黃花紅氈

皇帝親詣行禮司香婦人移置司祝叩頭小低桌于西首

皇帝進于夕祭

神位前正中向上立司祝先跪祝畢

皇帝行禮如朝祭儀如同

皇后行禮

皇帝在東

皇后在西行禮如遇

皇帝

皇后不行禮之日司祝叩頭畢酒罇以淨袱羃之司香婦人斂氈

三折之鋪于近炕沿處置醴酒一椀空琖一于炕沿上司俎太

監等舁豬入門置炕沿下首北向司俎滿洲一人屈一膝跪按

其豬司祝跪於炕沿下三折紅氈上斜向東北從盛酒椀內挹

酒注于琖中舉捧禱祝司俎滿洲執豬耳司祝灌酒於豬耳内
以琖置炕沿一叩頭司俎滿洲執豬尾移轉豬首向南司俎太
監等進前舁豬暫順放于包錫大桌上司祝跪從酒椀内挹酒
注於琖中舁第二豬入門仍如前儀獻酒禱祝灌酒畢一叩頭
興退置豬于包錫大桌上二豬俱令首西向省之每桌前令司
俎婦人二舉銀裏木槽盆接血司香婦人撤去氈進紅漆長高
桌設於北炕前以接血木槽盆列長高桌上撤去大低桌上所
供之糕留一盤其餘糕酒與果亦俱撤去豬氣息後司俎等轉
豬首順桌向南直放其去皮節解灌血腸煮肉以及撤出包錫
大桌油紙等件俱如朝祭儀惟膽與蹄甲於竈内化之俟肉熟
時細切胙肉五椀每椀設筯一雙供于炕上二大低桌之上以
二豬之肉分置於二銀裏木槽盆内如朝祭儀供于
神位前長高桌司香點香司香婦人鋪黄花紅氈司祝進跪祝叩頭

合掌致敬司香婦人收氈以司祝所坐之杌置夕祭常放處又設小桌小腰鈴列於桌上神鈴置于桌之東撤去香碟內火並鐙掩籠內火展背鐙青綢幕蔽之衆俱退出闔戶擊鼓太監以鼓移幕前近處司祝坐于杌上初次誦神歌向神鈴祈請時擊鼓四點又雙槌交擊一次拍板三鳴以和之次司祝執鈴桿振鈴誦神歌以禱鼓擊五點拍板三鳴以和之司祝置神鈴初次誦神歌向腰鈴祈請鼓擊四點又雙槌交擊一次拍板三鳴以和之司祝搖腰鈴誦神歌以禱鼓擊五點拍板三鳴以和腰鈴之聲禱畢鼓擊三點拍板一鳴而止捲起背鐙神幕開戶移入燈火撤祭肉送交膳房恭請

佛

菩薩像並二香碟仍安奉西楹原位二香碟亦供于原處收捲神幔

撤夕祭

神畫像並
蒙古神
穆哩罕神俱恭貯於紅漆匣內安奉于北牆花黑漆抽屜桌上供香
碟五于桌之南邊如爲
皇子祭祀
皇子叩頭則司祝禱祝
皇子叩頭如
皇子不叩頭則司祝禱祝叩頭
皇子未分府前居住別室即于所住之正室內
恭設
神位朝祭則懸幔供奉
佛亭夕祭則繫幔于架供奉神座以祭之朝祭未進豬之前請出二
香碟供于祭室外之西山牆廊下亭內撤出皮骨後仍請入供

于安奉朝祭
神位之紅漆抽屜桌上夕祭除不請出香碟外餘俱如
坤寧宮祭儀凡諸王貝勒貝子公等以及宗室覺羅並伊爾根
覺羅錫林覺羅姓之滿洲等俱如此儀祭之

正月初三日每月初一日

坤寧宮朝祭誦神歌禱祝辭

上天之子佛及菩薩大君先師三軍之帥關聖帝君某年生小
子某年生小子（為某人祭則呼某人本生年）今敬祝者豐于首而仔于肩衞
于後而護于前畀以嘉祥兮齒其兒而髮其黃兮年其增而歲
其長兮根其固而身其康兮神兮貺我神兮佑我永我年而壽
我兮

朝祭灌酒於豬耳禱辭

上天之子三軍之帥關聖帝君某年生小子某年生小子（為某人祭）

則呼某人本生年敬獻粢盛嘉悅以享兮

朝祭供肉祝辭

上天之子三軍之帥關聖帝君某年生小子某年生小子為某人祭則呼某人本生年今敬祝者豐于首而仔于肩衛于後而護于前昇以嘉祥兮齒其兒而髮其黄兮年其增而歲其長兮根其固而身其康兮神兮貺我神兮佑我永我年而壽我兮

夕祭坐于杌上誦神歌祈請辭

自天而降阿琿年錫之神與日分精年錫之神年錫惟靈安春阿雅喇穆哩穆哩哈納丹岱琿納爾琿軒初恩都哩僧固拜滿章京納丹威瑚哩恩都蒙鄂樂喀屯諾延某年生小子某年生小子為某人祭則呼某人本生年今敬祝者豐于首而仔于肩衛于後而護于前昇以嘉祥兮齒其兒而髮其黄兮年其增而歲其長兮根其固而身其康兮神兮貺我神兮佑我永我年而壽我兮

初次誦神歌禱辭

納丹岱琿納爾琿軒初某年生小子某年生小子（爲某人祭則呼某人本生年）今敬祝者豐于首而仔于肩衛於後而護於前畀以嘉祥兮齒其兒而髮其黃兮年其增而歲其長兮根其固而身其康兮神兮貺我神兮祐我永我年而壽我兮

二次誦神歌禱辭

恩都哩僧固僧固恩都哩某年生小子某年生小子（爲某人祭則呼某人本生年）今敬祝者豐于首而仔于肩衛于後而護于前畀以嘉祥兮齒其兒而髮其黃兮年其增而歲其長兮根其固而身其康兮神兮貺我神兮佑我永我年而壽我兮

末次誦神歌禱辭

拜滿章京納丹威瑚哩恩都蒙鄂樂喀屯諾延某年生小子某年生小子（爲某人祭則呼某人本生年）今敬祝者豐于首而仔于肩衛于後

而護于前昇以嘉祥兮齒其兒而髮其黃兮年其增而歲其長兮根其固而身其康兮神兮貺我神兮佑我永我年而壽我兮

誦神歌禱祝後跪祝辭

上天之子年錫之神安春阿雅喇穆哩穆哩哈納丹岱琿納爾琿軒初恩都哩僧固拜滿章京納丹威瑚哩恩都蒙鄂樂喀屯諸延某年生小子某年生小子爲某人祭則呼某人本生年今敬祝者豐于首而仔於肩衛于後而護于前昇以嘉祥兮齒其兒而髮其黃兮年其增而歲其長兮根其固而身其康兮神兮貺我神兮祐我永我年而壽我兮

夕祭灌酒於豬耳禱辭

上天之子年錫之神安春阿雅喇穆哩穆哩哈納丹岱琿納爾琿軒初恩都哩僧固拜滿章京納丹威瑚哩恩都蒙鄂樂喀屯諸延某年生小子某年生小子爲某人祭則呼某人本生年敬獻粢盛嘉悅

以享兮

夕祭供肉祝辭

上天之子年錫之神安春阿雅喇穆哩穆哩哈納丹岱琿納爾琿軒初恩都哩僧固拜滿章京納丹威瑚哩恩都蒙鄂樂喀屯諾延某年生小子某年生小子（爲某人祭則呼某人本生年）今敬祝者豐于首而仔于肩衞于後而護于前畀以嘉祥兮齒其兒而髮其黃兮年其增而歲其長兮根其固而身其康兮神兮貺我神兮佑我永我年而壽我兮

背鐙祭初次向神鈴誦神歌祈請辭

哲伊哷呼哲納爾琿掩戶牖以迓神兮納爾琿息甑竈以迓神兮納爾琿肅將迎兮侑座以俟納爾琿祕以祀兮几筵具陳納爾琿納丹岱琿藹然降兮納爾琿卓爾歡鍾依惠然臨兮納爾琿感于神鈴兮來格納爾琿涖于神鈴兮來歆納爾琿

二次搖神鈴誦神歌禱辭

納丹岱琿納爾琿軒初卓爾歡鍾依珠嚕珠克特亨某年生小子某年生小子爲某人祭則呼某人本生年今敬祝者豐于首而仔于肩衛于後而護于前畀以嘉祥兮齒其兒而髮其黃兮年其增而歲其長兮根其固而身其康兮神兮貺我神兮佑我永我年而壽我兮

三次向腰鈴誦神歌祈請辭

哲伊哷呼哲古伊雙寬列几筵兮以敬迓古伊雙寬潔粢盛兮以恭延古伊雙寬肅將迎兮盡敬古伊雙寬祕以祀兮申虔古伊雙寬乘羽葆兮陟于位古伊雙寬應鈴饗兮降于壇古伊雙寬

四次搖腰鈴誦神歌禱辭

籲者惟神迓者斐孫犧牲既陳奔走臣鄰某年生小子某年生

小子（爲某人祭則呼某人本生年）今敬祝者豐于首而仔于肩衛于後而護于前畀以嘉祥兮齒其兒而髮其黃兮年其增而歲其長兮根其固而身其康兮神兮貺我神兮佑我永我年而壽我兮

祭神翌日祭天儀注

祭神翌日祭天預期如前儀恭請

佛

菩薩像供于

坤寧宮西楹大亭司俎太監等于

神杆東北鋪油厚高麗紙設包錫紅漆大案一西向卸下

神杆以杆端向東斜仰于倚柱上杆首拄于地撤舊夾淨紙舊

穿頸骨置銅海內化之

神杆石前向上設紅漆高案一供銀碟三中碟盛所灑米兩旁

二空設置淨紙一張于桌上離

神杆石稍遠西北方設紅漆架一架上覆以紅氈架南設花木
方盤桌一紅漆方盤二俱向後挨次而設盤内置案板數枚移
紅銅鍋並銅海設于木盤之北竈門東向屆時司俎太監等進
豬置于
神杆石之東旁稍後首向南
皇帝親詣行禮司香婦人于
坤寧宫門内近楹處鋪
皇帝行禮黄花紅氈
皇帝進門對
神杆向上跪司俎滿洲進向前立捧米碟灑米二次禱祝祭天
畢又灑米二次退
皇帝行禮興退如同
皇后行禮

皇帝居中

皇后在西行禮司俎等俱退出于外太監等舁祝禱祭天之司俎

滿洲背立如遇

皇帝

皇后不親詣行禮日司祝捧

皇帝御衣叩頭畢司俎太監等轉豬首向西置于包錫大案上省之司俎太監二舉銀裏木槽盆接血列于高案上豬氣息後轉豬首向南順放司俎等即于院內去豬皮先以頸骨連精肉取下並擇取餘肉煮于紅銅鍋內餘俱按節解開擺列于銀裏木槽盆內置首于前以皮蒙蓋其上南向順放于包錫大案上腸臟修整後亦貯于木槽盆內以盛血木槽盆橫放于盛肉木槽盆之前肉熟時司俎等向東列坐于木盤之後以熟肉細切爲絲先取精肉頭骨供于高案西邊所放銀碟內膽貯于東邊所

設銀碟內細絲小肉成後盛小肉絲二椀各置筯一雙稗米飯
二椀各置匙一枚從東向西飯肉相間以供
皇帝親詣行禮司俎滿洲仍如前儀捧米碟灑米一次禱祝祭天
畢又灑米二次退叩頭畢司俎官司俎等以頸骨穿于
神杆之端精肉及膽並所灑米俱貯于
神杆斗內立起
神杆淨紙夾于
神杆與倚柱之間東首所供之小肉飯撤入
坤寧宮內
皇帝
皇后受胙獻于
皇帝
皇后如遇

皇帝
皇后不行禮之日令在
坤寧宮內人等食之西首所供之小肉飯留于外銅鍋內所餘
湯肉令司俎及太監等食之其餘生肉並銀裏木槽盆及包錫
高案油厚高麗紙俱移入
坤寧宮內如祭神儀取頭蹄燎燖腸內灌血煮于大鍋內大肉
熟後盛于盤內置原處亦不許出戶令大臣侍衛等進內食之
食畢司俎太監撤出油紙高案及皮與骨皮油送交膳房骨則
司俎官送潔淨處監視化而投之于河恭請
佛
菩薩像至西楹安奉于原位鍋海置于原處神架方盤等物各收于
原處如遇雨雪司俎及司俎太監等張大油紙繖遮于祭天桌
鍋之上如爲

皇子祭天

皇子叩頭如

皇子不叩頭司祝捧

皇子衣服叩頭

祭神翌日祭天贊辭

安哲上天監臨我覺羅某年生小子為某人祭天則呼某人本生年𩆜精誠以

薦蘋兮執豕孔碩獻于昊蒼兮一以嘗兮二以將兮俾我某年

生小子年其增而歲其長兮根其固而身其康兮綏以安吉兮

惠以嘉祥兮

欽定滿洲祭神祭天典禮卷一

欽定滿洲祭神祭天典禮卷二

坤寧宮常祭儀注

每日

坤寧宮祭朝祭

神預將鑲紅片金黃緞神幔用黃棉線繩穿繫其上懸掛西山牆所釘之雕龍頭髹金紅漆三角架以淨紙二張各四折鏤錢四掛於神幔兩端舁供

佛之髹金小亭連座奉安於南首啓亭門次於神幔上懸

菩薩像又次懸

關帝神像均於大炕上東向供奉炕上設紅漆大低桌二桌上供香碟三淨水三琖方切灑餻分爲十盤以九盤供於桌上一供桌下北首炕沿前鋪黃花紅氈設司祝叩頭小低桌司俎太監等預於中間屋內鍋前地上設油厚高麗紙二張進包錫紅漆大

桌二西向分爲二行各置於油高麗紙上屆時司香點香司俎
太監司俎等進豬二於
坤寧宮門外之右首皆北向奏三紘琵琶之司俎太監二司俎
官司俎八首領太監二以次進三紘琵琶在前次十人分二層
排列均向前盤膝坐奏三紘琵琶鳴拍板其後司俎滿洲等屈
一膝跪拊掌司香舉神刀授司祝司祝執神刀進司俎等復奏
三紘琵琶鳴拍板拊掌司祝一叩頭興司俎等歌鄂囉羅司祝
擎神刀禱祝三次誦神歌一次擎神刀禱祝時司俎等復歌鄂
囉羅誦神歌三次如前儀如是九次畢司祝跪一叩頭興又禱
祝三次以神刀授於司香奏三紘琵琶鳴拍板人等起立避於
旁
皇帝親詣行禮司香移司祝叩頭小低桌於北首
皇帝進於朝祭

神位前正中向上立司祝先跪
皇帝跪司祝祝畢
皇帝行禮興退司祝叩頭興合掌致敬如同
皇后行禮
皇帝在南
皇后在北行禮司俎官司俎等俱出外惟留司俎婦人太監等在
內如遇
皇帝
皇后不行禮之日司祝叩頭畢司香撤
佛
菩薩前供淨水二琖闔供
佛小亭門撤
菩薩像恭貯於黃漆木筒司俎太監等恭舁供

佛小亭並所供二香碟移奉於
坤寧宮西楹大亭香碟供於前小亭座移置於後復移神幔稍
南位
關帝神像於正中所供淨水並香碟皆移正中奏三絃琵琶鳴拍板
人等進坐於原處司香婦人斂氊三折之鋪於近炕沿處司香
舉臺琖授司祝司俎太監等舁一豬入門置炕沿下首西向司
俎滿洲一人屈一膝跪按其豬司俎官及司俎首領太監內監
等奏三絃琵琶鳴拍板拊掌司祝跪於炕沿下三折紅氊上斜
向西南舉臺琖獻淨水一次司俎等照前歌鄂囉羅獻畢司祝
致禱以二琖淨水合注一琖中司俎滿洲執豬耳司祝灌淨水
於豬耳內以臺琖授司香一叩頭三絃琵琶拍板暫止司俎滿
洲執豬尾移轉豬首向東司俎太監等進前舁豬暫順放於包
錫大桌上司香舉臺琖授司祝司祝接受臺琖舁第二豬入門

獻淨水灌淨水如前儀以包錫大桌上二豬俱令首西向橫放省之每桌前令司俎婦人二舉銀裏木槽盆接血司香婦人撤去氈進紅漆長高桌設於西炕前以接血木槽盆列高桌上撤去所供餻豬氣息後司俎等轉豬首順桌向南直放去其皮按節解開煑於大鍋內其頭蹄及尾俱不去皮惟燎毛燖淨亦煑於大鍋內以臟腑置於錫裏木槽盆舁出另室內整理潔淨舁進以盛血木槽盆就地安置司俎滿洲一人進於高桌前屈一膝跪灌血於腸亦煮鍋內司俎太監等置皮於盛皮木槽盆內撤去包錫大桌二及油厚高麗紙仍以膽與蹄甲貯紅漆小木碟內置於炕上所設之大低桌北首邊上俟肉熟時細切胙肉一椀設筯一雙供於大低桌正中以二豬之肉分置二銀裏木槽盆內前後腿分設四角胸膛向前尾椿向後肋列兩旁合湊畢置豬首於上復以臁貼連油整置於鼻柱上供於

神位前長高桌司香點香司香婦人鋪黄花紅氈設司祝叩頭小低桌一司香舉淨水椀一司香舉空椀齊進拱立司祝進跪又一司香舉臺琖授司祝司祝接受獻淨水三次是獻也凡奏三絃琵琶之司俎太監鳴拍板之司俎官首領太監司俎以及拊掌之司俎滿洲等進前列坐如前儀司祝每一獻即將所獻之淨水注於空椀内復自盛淨水椀内挹新淨水注於二琖中以獻每一獻司俎等歌鄂囉羅三獻畢司祝以臺琖授於司香一叩頭興合掌致敬三絃琵琶拍板止衆俱起立退司祝跪祝之

皇帝

皇后親詣行禮如前儀神肉前叩頭畢撤下祭肉不令出户盛於盤内於長桌前按次陳列或

皇帝率

皇后受胙或率王大臣等食肉之處請

旨遵行如遇
皇帝不受胙之日令値班大臣侍衛等進內食之食畢司俎太監
等撤出皮骨皮油送交膳房其骨膽蹄甲司俎官送潔淨處化
而投之於河隨將神幔收捲其所掛紙錢存俟月終貯高麗紙
囊內除夕送赴
堂子與
堂子內所掛淨紙及神杆同化之所有
關帝神像恭貯於紅漆木筒其供
佛小亭恭貯
菩薩像木筒及二香碟仍移奉西楹以小亭安奉於亭座上
菩薩像
關帝神像二筒安奉於西山牆繪花紅漆抽屜桌上供香碟三於桌
之東邊其夕祭

神儀預將鑲紅片金青緞神幔繫於黑漆架上用黃色皮條穿大小
鈴七枚繫樺木杆梢懸於架梁之西恭請
穆哩罕神自西按序安奉架上
畫像神安奉於神幔正中設
蒙古神座於左皆於北炕南向炕上設紅漆大低桌二桌上供香碟
五淨水五琖以灑餻如前分爲十盤其九盤供於桌上一供桌
下西邊未進豬之前恭請
佛
菩薩像並二香碟供於西楹大亭預令司俎太監等鋪油紙設桌俱
如朝祭儀屆時進豬置於常放之處司香點香司香婦人以司
祝祝禱時所坐黑漆杌置
神位前司俎太監以鼓遠架近杌安置司祝繫閃緞裙束腰鈴執手
鼓進於

神位前司俎太監二人進西向立一太監擊鼓一太監鳴拍板司祝先向

神位坐於杌上擊手鼓誦請神歌祈請擊鼓太監一手擊鼓一點以和手鼓司祝拱立初次向後盤旋蹡步祝禱擊鼓太監雙手擊鼓三點以和手鼓司祝後盤旋蹡步前進祝禱擊鼓太監雙手擊鼓五點以和手鼓司祝拱立初次誦請神歌擊鼓五點拍板三鳴以和之二次向後向前盤旋蹡步祝禱惟擊鼓七點司祝拱立誦神歌以禱仍擊鼓五點拍板三鳴三次祝禱亦惟擊鼓十一點司祝拱立三次誦神歌以禱擊鼓四點末以雙槌交擊一次拍板仍三鳴以和之三次誦以神歌禱畢司祝祝禱時惟擊鼓四點三鼓而止退司祝以手鼓授司香婦人釋閃緞裙腰鈴司香婦人鋪黃花紅氈

皇帝親詣行禮司香婦人移置司祝叩頭小低桌於西首

皇帝進於夕祭
神位前正中向上立司祝先跪祝畢
皇帝行禮如朝祭儀如同
皇后行禮
皇帝在東
皇后在西行禮如遇
皇帝
皇后不行禮之日司祝叩頭畢司香婦人斂氈三折之鋪於近炕
沿處置淨水一椀空琖一於炕沿上司俎太監等舁豬入門置
炕沿下首北向司祝滿洲一人屈一膝跪按其豬司祝跪於炕
沿下三折紅氈上斜向東北從盛淨水椀内挹淨水注於琖中
舉捧禱祝司俎滿洲執豬耳司祝灌淨水於豬耳内以琖置炕
沿一叩頭司俎滿洲執豬尾移轉豬首向南司俎太監等進前

舁豬暫順放於包錫大桌上司祝跪從淨水椀內挹淨水注於
琖中舁第二豬入門如前儀禱祝灌水畢一叩頭興退置豬於
包錫大桌上二豬俱令首西向省之每桌前令司俎婦人二舉
銀裏木槽盆接血司香婦人撤去氈進紅漆長高桌設於北炕
前以接血銀裏木槽盆列長高桌上撤去大低桌上所供之餻
惟留一盤豬氣息後司俎等轉豬首順桌向南直放其去皮節
解灌血腸煮肉以及撤出包錫大桌油紙等件俱如朝祭儀惟
臍與蹄甲於竈內化之俟肉熟時細切胙肉五椀每椀設筯一
雙供於炕上二大低桌之上以二豬之肉分置二銀裏木槽盆
內如朝祭儀供於
神位前長高桌司香點香司香婦人鋪黃花紅氈司祝進跪祝叩頭
合掌致敬司香婦人收氈以司祝所坐之杌置夕祭常放處又
設小桌小腰鈴列於桌上神鈴置於桌之東撤出香碟內火並

燈掩竈內火展背燈靑紬幔蔽之衆俱退出闔戶擊鼓太監以
鼓移幔前近處司祝坐於杌上初次誦神歌向神鈴祈請時擊
鼓四點又雙槌交擊一次拍板三鳴以和之次司祝執鈴杆振
鈴誦神歌以禱鼓擊五點拍板三鳴以和之司祝置神鈴初次
誦神歌向腰鈴祈請鼓擊四點又雙槌交擊一次拍板三鳴以
和之司祝搖腰鈴誦神歌以禱鼓擊五點拍板三鳴以和腰鈴
之聲禱畢鼓擊三點拍板一鳴而止捲起背燈神幔開戶移入
燈火撤祭肉送交膳房恭請

佛

菩薩像並二香碟仍安奉西楹原位二香碟亦供於原處收捲神幔

撤夕祭

神畫像並

蒙古神

穆哩罕神供桊貯紅漆匣內安奉於北牆繪花黑漆抽屜桌上供香碟五於桌之南邊

每日

坤寧宮朝祭誦神歌禱祝辭

上天之子佛及菩薩大君先師三軍之帥關聖帝君某年生小子某年生小子（爲某人祭則呼某人本生年）今敬祝者豐於首而仔於肩衛於後而護於前畀以嘉祥兮齒其兒而髮其黃兮年其增而歲其長兮根其固而身其康兮神兮貺我神兮佑我永我年而壽我兮

朝祭灌淨水於豬耳禱辭

上天之子三軍之帥關聖帝君某年生小子某年生小子（爲某人祭則呼某人本生年）敬獻粢盛嘉悅以享兮

朝祭供肉祝辭

上天之子三軍之帥關聖帝君某年生小子某年生小子為某人祭則呼某人本生年今敬祝者豐於首而仔於肩衞於後而護於前畀以嘉祥兮齒其兒而髮其黃兮年其增而歲其長兮根其固而身其康兮神兮貺我神兮佑我永我年而壽我兮

夕祭坐於杌上誦神歌祈請辭

自天而降阿琿年錫之神與日分精年錫之神年錫惟靈安春阿雅喇穆哩穆哩哈納丹岱琿納爾琿軒初恩都哩僧固拜滿章京納丹威瑚哩恩都蒙鄂樂喀屯諾延某年生小子某年生小子為某人祭則呼某人本生年今敬祝者豐於首而仔於肩衞於後而護於前畀以嘉祥兮齒其兒而髮其黃兮年其增而歲其長兮根其固而身其康兮神兮貺我神兮佑我永我年而壽我兮

初次誦神歌禱辭

納丹岱琿納爾琿軒初某年生小子某年生小子為某人祭則呼某人本生

年今敬祝者豐於首而仔於肩衛於後而護於前畀以嘉祥兮齒其兒而髮其黃兮年其增而歲其長兮根其固而身其康兮神兮貺我神兮佑我永我年而壽我兮

二次誦神歌禱辭

恩都哩僧固僧固恩都哩某年生小子某年生小子（為某人祭則呼某人本生年）今敬祝者豐於首而仔於肩衛於後而護於前畀以嘉祥兮齒其兒而髮其黃兮年其增而歲其長兮根其固而身其康兮神兮貺我神兮佑我永我年而壽我兮

末次誦神歌禱辭

拜滿章京納丹威瑚哩恩都蒙鄂樂喀屯諾延某年生小子某年生小子（為某人祭則呼某人本生年）今敬祝者豐於首而仔於肩衛於後而護於前畀以嘉祥兮齒其兒而髮其黃兮年其增而歲其長兮根其固而身其康兮神兮貺我神兮佑我永我年而壽我兮

誦神歌禱祝後跪祝辭

上天之子年錫之神安春阿雅喇穆哩穆哩哈納丹岱琿納爾琿軒初恩都哩僧固拜滿章京納丹威瑚哩恩都蒙鄂樂喀屯諾延某年生小子某年生小子（爲某人祭則呼某人本生年）今敬祝者豐於首而仔於肩衛於後而護於前畀以嘉祥兮齒其兒而髮其黃兮年其增而歲其長兮根其固而身其康兮神兮貺我神兮佑我永我年而壽我兮

夕祭灌淨水於豬耳禱辭

上天之子年錫之神安春阿雅喇穆哩穆哩哈納丹岱琿納爾琿軒初恩都哩僧固拜滿章京納丹威瑚哩恩都蒙鄂樂喀屯諾延某年生小子某年生小子（爲某人祭則呼某人本生年）敬獻粢盛嘉悅以享兮

夕祭供肉祝辭

上天之子年錫之神安春阿雅喇穆哩穆哩哈納丹岱琿納爾琿軒初恩都哩僧固拜滿章京納丹威瑚哩恩都蒙鄂樂喀屯諾延某年生小子某年生小子（爲某人祭則呼某人本生年）敬獻粢盛嘉悅以享兮

背燈祭初次向神鈴誦神歌祈請辭

哲伊呼呼哲納爾琿掩戶牖以迓神兮納爾琿息甑竈以迓神兮納爾琿肅將迎兮侑座以俟納爾琿祕以祀兮几筵具陳納爾琿納丹岱琿藹然降兮納爾琿卓爾歡鍾依惠然臨兮納爾琿感於神鈴兮來格納爾琿莅於神鈴兮來歆納爾琿

二次搖神鈴誦神歌禱辭

納丹岱琿納爾琿軒初卓爾歡鍾依珠嚕珠克特亨某年生小子某年生小子（爲某人祭則呼某人本生年）今敬祝者豐於首而仔於肩衛於後而護於前畀以嘉祥兮齒其兒而髮其黃兮年其增而歲

其長兮根其固而身其康兮神兮貺我神兮佑我永我年而壽我兮

三次向腰鈴誦神歌祈請辭

哲伊哷呼哲古伊雙寬列几筵兮以敬迓古伊雙寬潔粢盛兮以恭延古伊雙寬肅將迎兮盡敬古伊雙寬祕以祀兮申虔古伊雙寬乘羽葆兮陟於位古伊雙寬應鈴響兮陟於壇古伊雙寬

四次搖腰鈴誦神歌禱辭

籲者惟神迓者斐孫犧牲既陳奔走臣鄰某年生小子某年生小子（爲某人祭則呼某人本生年）今敬祝者豐於首而仔於肩衛於後而護於前畀以嘉祥兮齒其兒而髮其黃兮年其增而歲其長兮根其固而身其康兮神兮貺我神兮佑我永我年而壽我兮

每歲春夏秋冬四季獻神儀注

每歲四季獻
神是日先照常祭儀懸掛朝祭夕祭
神幔朝祭夕祭
神位俱照常安奉朝祭夕祭香碟內點香
上駟院以白馬二侍衛牽之慶豐司以牛二廄長牽之金二錠
銀二錠廣儲司銀庫官員舉之蟒緞龍緞片金倭緞閃緞以及
各色緞十毛青三梭布四十置於紅漆低桌上緞疋庫庫使舁
之掌儀司官員司俎官前引內務府總管暨
上駟院大臣帶領
乾清右門入自
乾清宮西楹經
交泰殿至
坤寧宮門外陳馬於西陳牛於東首俱向上司俎太監等恭捧

金鋌銀鋌並舁緞布桌入
坤寧宮司香接受於朝祭
神位前就地安設緞布之桌置金銀其上鋪黄花紅氈司祝進跪祝
叩頭畢司香等舁桌於夕祭
神位前就地安設移鋪紅氈司祝進跪祝叩頭畢將所供之金銀緞
布收貯於供朝祭
神位之繪花紅漆抽屜桌内其大臣侍衛官員以牛馬出越三日後
總管太監以金銀緞布出留銀之外金緞布馬牛俱交會計司
除不售於同姓滿洲外估價以售所得價銀購豬以祭
皇帝親詣行禮如常祭儀或適遇祭神之日俟食肉畢皮骨撤出
恭請
佛
菩薩安奉後始行祭獻

每歲春夏秋冬四季獻神朝祭

神前祝辭

上天之子佛及菩薩大君先師三軍之帥關聖帝君某年生小子某年生小子（爲某人祭則呼某人本生年）今敬祝者謹以黃金白銀蟒緞龍緞片金倭緞閃緞各色緞布良馬健牛獻於神靈豐於首而仔於肩衛於後而護於前畀以嘉祥兮齒其兒而髮其黃兮年其增而歲其長兮根其固而身其康兮神兮貺我神兮佑我永我年而壽我兮

夕祭

神前祝辭

上天之子年錫之神安春阿雅喇穆哩穆哩哈納丹岱琿納爾琿軒初恩都哩僧固拜滿章京納丹威瑚哩恩都蒙鄂樂喀屯諾延某年生小子某年生小子（爲某人祭則呼某人本生年）今敬祝者謹以

黄金白銀蟒緞龍緞片金倭緞閃緞各色緞布良馬健牛獻於
神靈豐於首而仔於肩衛於後而護於前畀以嘉祥兮齒其兒
而髮其黄兮年其增而歲其長兮根其固而身其康兮神兮睍
我神兮佑我永我年而壽我兮

浴

佛儀注

四月初八日

佛誕祭祀是日先於

堂子內

饗殿中間懸掛神幔屆時衣金黄緞衣內監八人舁黄緞

神輿進

內左門

近光左門

景和門預備於
坤寧宮門外衣黃緞衣司俎滿洲二人恭請
佛亭並貯
菩薩像木筒貯
關帝神像木筒安奉輿內衣金黃緞衣內監八人舁行由
宮殿正門出前引仗二對羊角燈二對亦用衣金黃緞衣內監
執之司俎官二員司俎二人司俎滿洲二人由
宮內前引至
乾清門外侍衛十員前導掌儀司官一員司俎首領太監一員
內監八人扈行應供之椴葉餑餑醴酒鐏紅蜜棉花俱置於架
上及食盒之內領催蘇拉隨後舁送至
堂子時衣黃緞衣司俎滿洲等恭請
神位供

佛亭於西首之座次於神幔上懸
菩薩像又次懸
關帝神像供奉畢收諸王呈送所供之餑餑酒蜜棉花謹將
大內備去之紅蜜及諸王呈送之蜜各取少許貯於黃磁浴池
內以淨水攪勻司香啟亭門司祝請
佛於黃磁浴池內浴畢復以新棉墊座仍安奉原位又將諸王呈送
之椴葉餑餑俱供於二大黃漆低桌之上
大內之九盤餑餑供于上面醴酒三琖香碟三仍供原處司香
點香炕沿下小桌上設大黃磁椀二盛
大內備去之酒及諸王呈送之酒其
亭式殿內以椴葉餑餑及諸王呈送之餑餑貯於銀盤供之呈送之
酒貯於低桌上所設二大藍花磁椀內供之仍先於高案下所
立杉木柱上掛紙錢二十七張諸王遣來之人俱掛紙錢

大內之奏三絃琵琶太監二人在
饗殿外丹陛之西首諸王之護衛官員在丹陛兩旁對坐鳴拍板拊
掌衣朝服之二司祝進跪司香二人舉臺琖二分授於二司祝
二司祝接受臺琖同獻酒九次司俎官一員於
饗殿階下東首立贊鳴拍板即奏三絃琵琶鳴拍板拊掌二司祝每
一獻將所獻之酒注於兩旁所設紅花磁缸內復自盛醴酒椀
內挹新酒各注於二琖中獻之每一獻司俎官贊歌鄂囉羅則
歌鄂囉羅九次獻畢二司祝以臺琖授於司香等同叩頭興合
掌致敬司俎官贊停拍板其三絃琵琶拍板暫止二司祝進
亭式殿內跪司香等舉授臺琖二司祝同獻酒九次奏三絃琵琶鳴
拍板拊掌歌鄂囉羅均如
饗殿獻酒儀獻畢以臺琖授於司香等一叩頭興合掌致敬一司祝
預備於

亭式殿內一司祝進

饗殿正中立司香舉授神刀司祝接受神刀前進司俎官贊鳴拍板

即奏三絃琵琶鳴拍板拊掌司祝一叩頭興司俎官贊歌鄂囉

羅即歌鄂囉羅司祝擎神刀禱祝三次誦神歌一次擎神刀禱

祝時則歌鄂囉羅如是誦神歌三次禱祝九次畢仍奏三絃琵

琶鳴拍板拊掌司祝進

亭式殿內一叩頭興誦神歌擎神刀禱祝以及歌鄂囉羅俱如祭

饗殿儀禱祝畢復進

饗殿內一叩頭興又禱祝三次司俎官贊歌鄂囉羅則歌鄂囉羅一

次禱祝畢授神刀於司香司俎官贊停拍板其三絃琵琶拍板

皆止興退司祝復跪祝叩頭興合掌致敬退其

亭式殿內預備之司祝亦跪祝叩頭興合掌致敬退司香闔

佛亭門撤

菩薩像

關帝神像恭貯於木筒內仍用衣黃緞衣司俎滿洲等恭請安奉輿

內鐙仗排列前導恭請入

宮所供酒與餑餑分給隨去之侍衛官員司俎等

四月初八日浴

佛於

堂子饗殿內祝辭

上天之子佛及菩薩大軍先師三軍之帥關聖帝君某年生小

子等為某人祭則呼某人本生年今敬祝者遇佛誕辰偕我諸王敬獻於神

祈鑒敬獻之心俾我小子豐於首而仔於肩衛於後而護於前

畀以嘉祥兮齒其兒而髮其黃兮年其增而歲其長兮根其固

而身其康兮神兮貺我神兮佑我永我年而壽我兮

堂子亭式殿內祝辭

上天之子紐歡台吉武篤本貝子某年生小子等爲某人祭則呼某人本生年今敬祝者遇佛誕辰偕我諸王敬獻於神祈鑑敬獻之心俾我小子豐於首而仔於肩衞於後而護於前畀以嘉祥兮齒其兒而髮其黃兮年其增而歲其長兮根其固而身其康兮神兮貺我神兮佑我永我年而壽我兮

欽定滿洲祭神祭天典禮卷三

報祭儀注

春秋二季立杆大祭前一二日

坤寧宮報祭朝祭

神預將鑲紅片金黃緞神幔用黃棉線繩穿繫其上懸掛西山牆所釘之雕龍頭髹金紅漆三角架以淨紙二張各四折鏤錢四掛於神幔兩端舁供

佛之髹金小亭連座奉安於南首啓亭門次於神幔上懸

菩薩像又次懸

關帝神像均於大炕上東向供奉炕上設紅漆大低桌二桌上供香碟三淨水三琖方切灑餻分爲十盤以九盤供於桌上一供桌下北首炕沿前鋪黃花紅氈設司祝叩頭小低桌司俎太監等預於中間屋內鍋前地上設油厚高麗紙二張進包錫紅漆大

桌二西向分爲二行各置於油高麗紙上屆時司香點香司俎太監司俎等進豬二於
坤寧宮門外之右首皆北向奏三絃琵琶之司俎太監二司俎官司俎八首領太監二以次進三絃琵琶在前次十人分二層排列均向上盤膝坐奏三絃琵琶鳴拍板其後司俎滿洲等屈一膝跪拊掌司香舉神刀授司祝司祝執神刀進司俎等復奏三絃琵琶鳴拍板拊掌司祝一叩頭興司俎等歌鄂囉羅司祝擎神刀禱祝三次誦神歌一次擎神刀禱祝時司俎等復歌鄂囉羅誦神歌三次如前儀如是九次畢司祝跪一叩頭興又禱祝三次以神刀授於司香奏三絃琵琶鳴拍板人等起立避於旁
皇帝親詣行禮司香移司祝叩頭小低桌於北首
皇帝進於朝祭

神位前正中向上立司祝先跪
皇帝跪司祝祝畢
皇帝行禮興退司祝叩頭興合掌致敬如同
皇后行禮
皇帝在南
皇后在北行禮司俎官司俎等俱出外惟留司俎婦人太監等在
內如遇
皇帝
皇后不行禮之日司祝叩頭畢司香撤
佛
菩薩前供淨水二琖闔供
佛小亭門撤
菩薩像恭貯於黃漆木筒司俎太監等共舁供

佛小亭並所供二香碟移奉於
坤寧宮西楹大亭香碟供於前小亭座移置於後復移神幔稍
南位
關帝神像於正中所供淨水並香碟皆移正中奏三絃琵琶鳴拍板
人等進坐於原處司香婦人斂氈三折之鋪於近炕沿處司香
舉臺琖授於司祝司俎太監等舁一豬入門置炕沿下首西向
司俎滿洲一人屈一膝跪按其豬司俎官及司俎首領太監內
監等奏三絃琵琶鳴拍板拊掌司祝跪於炕沿下三折紅氈上
斜向西南舉臺琖獻淨水一次司俎等照前歌鄂囉羅獻畢司
祝致禱以二琖淨水合注一琖中司俎滿洲執豬耳司祝灌淨
水於豬耳內以臺琖授司香一叩頭三絃琵琶拍板暫止司俎
滿洲執豬尾移轉豬首向東司俎太監等進前舁豬暫順放於
包錫大桌上司香舉臺琖授司祝司祝接受臺琖舁第二豬入

門獻淨水灌淨水如前儀以包錫大桌上二豬俱令首西向橫放省之每桌前令司俎婦人二舉銀裏木槽盆接血司香婦人撤去氈進紅漆長高桌設於西炕前以接血木槽盆列高桌上撤去所供餻豬氣息後司俎等轉豬首順桌向南直放去其皮按節解開煮於大鍋內其頭蹄及尾俱不去皮惟燎毛燖淨亦煮於大鍋內以臟腑置於錫裏木槽盆舁出另室內整理潔淨舁進以盛血木槽盆就地安置司俎滿洲一人進於高桌前屈一膝跪灌血於腸亦煮鍋內司俎太監等置皮於盛皮木槽盆內撤去包錫大桌二及油厚高麗紙仍以贍與蹄甲貯紅漆小木碟內置於炕上所設之大低桌北首邊上俟肉熟時細切胙肉一椀設筯一雙供於大低桌正中以二豬之肉分置二銀裏木槽盆內前後腿分設四角胸膛向前尾椿向後肋列兩旁合湊畢置豬首於上復以臁貼連油整置於鼻柱上供於

神位前長高桌司香點香司香婦人鋪黃花紅氈設司祝叩頭小低
桌一司香舉淨水椀一司香舉空椀齊進拱立司祝進跪又一
司香舉臺琖授司祝司祝接受獻淨水三次是獻也凡奏三絃
琵琶之司俎太監鳴拍板之司俎官首領太監司俎以及拊掌
之司俎滿洲等進前列坐如前儀司祝每一獻將所獻之淨水
注於空椀內復自盛淨水椀內挹新淨水注於二琖中以獻每
一獻司俎等歌鄂囉羅三獻畢司祝以臺琖授於司香一叩頭
興合掌致敬三絃琵琶拍板止衆俱起立退司祝跪祝之
皇帝
皇后親詣行禮如前儀神肉前叩頭畢撤下祭肉不令出戶盛於
盤內於長桌前按次陳列或
皇帝率
皇后受胙或率王大臣等食肉之處請

旨遵行如遇
皇帝不受胙之日令值班大臣侍衛等進內食之食畢司俎太監
等撤出皮骨皮油送交膳房其骨膽蹄甲司俎官送潔淨處化
而投之於河隨將神幔收捲撤
關帝神像前恭貯於紅漆木筒其供
佛小亭恭貯
菩薩像木筒仍移奉西楹以小亭安奉於亭座上
關帝神像二筒安奉於西山牆繪花紅漆抽屜桌上供香碟三於桌
菩薩像
之東邊其夕祭
神儀預將鑲紅片金青緞神幔繫於黑漆架上用黃色皮條穿大小
鈴七枚繫樺木桿稍懸於架梁之西恭請
穆哩罕神自西按序安奉架上

畫像神安奉於神幔正中設
蒙古神座於左皆於北炕南向炕上設紅漆大低桌二香碟五淨水
五琖以灑饍如前分爲十盤其九盤供於桌上一供桌下西邊
未進豬之前恭請
佛
菩薩像並二香碟供於西楹大亭預令司俎太監等鋪油紙設桌俱
如朝祭儀屆時進豬置於常放之處司香點香司香婦人以司
祝祝禱時所坐黑漆杌置
神位前司俎太監以鼓連架近杌安置司祝繫閃緞裙束腰鈴執手
鼓進於
神位前司俎太監二人進西向立一太監擊鼓一太監鳴拍板司祝
先向
神位坐於杌上擊手鼓誦請神歌祈請擊鼓太監一手擊鼓一點以

和手鼓司祝拱立初次向後盤旋蹡步祝禱擊鼓太監雙手擊
鼓三點以和手鼓司祝復盤旋蹡步前進祝禱擊鼓太監雙手
擊鼓五點以和手鼓司祝拱立初次誦請神歌擊鼓五點拍板
三鳴以和之二次向後向前盤旋蹡步祝禱惟擊鼓七點司祝
拱立誦神歌以禱仍擊鼓五點拍板三鳴三次祝禱亦惟擊鼓
十一點司祝拱立三次誦神歌以禱擊鼓四點末以雙槌交擊
一次拍板仍三鳴以和之三次誦神歌禱畢司祝祝禱時惟擊
鼓四點三鼓而止退司祝以手鼓授司香婦人釋閃緞裙腰鈴
司香婦人鋪黃花紅氈
皇帝親詣行禮司香婦人移置司祝叩頭小低桌於西首
皇帝進於夕祭
神位前正中向上立司祝先跪祝畢
皇帝行禮如朝祭儀如同

皇后行禮
皇帝在東
皇后在西行禮如遇
皇帝
皇后不行禮之日司祝叩頭畢司香婦人斂氈三折之鋪於近炕沿處置淨水一椀空琖一於炕沿上司俎太監等舁豬入門置炕沿下首北向司俎滿洲一人屈一膝跪按其豬司祝跪於炕沿下三折紅氈上斜向東北從盛淨水椀內挹淨水注於琖中舉捧禱祝司俎滿洲執豬耳司祝灌淨水於豬耳內以琖置炕沿一叩頭司俎滿洲執豬尾移轉豬首南向司俎太監等進前舁豬暫順放於包錫大桌上司祝跪從淨水椀內挹淨水注於琖中舁第二豬入門仍如前儀獻淨水禱祝灌淨水畢一叩頭興退置豬於包錫大桌上二豬俱令首西向省之每桌前令司

俎婦人二舉銀裏木槽盆接血司香婦人撤去氈進紅漆長高桌設於北炕前以接血木槽盆列長高桌上撤去大低桌上所供之餻惟留一盤豬氣息後司俎等轉豬首順桌向南直放其去皮節解灌血腸煮肉以及撤出包錫大桌油紙等件俱如朝祭儀惟膽與蹄甲於竈內化之俟肉熟時細切胙肉五椀每椀設筯一雙供於炕上二大低桌之上以二豬之肉分置二銀裏木槽盆內如朝祭儀供於
神位前長高桌司香點香司香婦人鋪黃花紅氈司祝進跪祝叩頭合掌致敬司香婦人收氈以司祝所坐之杌置夕祭常放處又設小桌小腰鈴列於桌上神鈴置於桌之東撤出香碟內火並鐙掩竈內火展背鐙青綢幕蔽之衆俱退出闔戶擊鼓太監以鼓移幕前近處司祝坐於杌上初次誦神歌向神鈴祈請時擊鼓四點又雙槌交擊一次拍板三鳴以和之次司祝執鈴桿振

鈴誦神歌以禱擊鼓五點拍板三鳴以和之司祝置神鈴初次誦神歌向腰鈴祈請鼓擊四點又雙槌交擊一次拍板三鳴以和之司祝搖腰鈴誦神歌以禱鼓擊五點拍板三鳴以和腰鈴之聲禱畢鼓擊三點拍板一鳴而止捲起背鐙神幕開戶移入鐙火撤祭肉送交膳房恭請

佛

菩薩像並二香碟仍安奉西楹原位二香碟亦供於原處收捲神幔

撤夕祭

神畫像並

蒙古神

穆哩罕神俱恭貯紅漆匣內安奉於北牆繪花黑漆抽屜桌上供香碟五於桌之南邊

春秋二季立杆大祭前期一二日

坤寧宮報祭朝祭誦神歌祝辭

上天之子佛及菩薩大君先師三軍之帥關聖帝君某年生小子某年生小子（爲某人祭則呼某人本生年）今敬祝者貫九以盈具八以呈前期（一二）日虔備粢盛以祭於神靈豐於首而仔於肩衞於後而護於前畀以嘉祥兮齒其兒而髮其黃兮年其增而歲其長兮根其固而身其康兮神兮貺我神兮佑我永我年而壽我兮

朝祭灌淨水於豬耳禱辭

上天之子三軍之帥關聖帝君某生小子某年生小子（爲某人祭則呼某人本生年）敬獻粢盛嘉悅以享兮

朝祭供肉祝辭

上天之子三軍之帥關聖帝君某年生小子某年生小子（爲某人祭則呼某人本生年）今敬祝者貫九以盈具八以呈前期（一二）日虔備粢盛以祭於神靈豐於首而仔於肩衞於後而護於前畀以嘉祥兮

齒其兒而髮其黃兮年其增而歲其長兮根其固而身其康兮
神兮貺我神兮佑我永我年而壽我兮

夕祭坐於杌上誦神歌祈請辭

自天而降阿琿年錫之神與日分精年錫之神年錫惟靈安春阿雅喇穆哩穆哩哈納丹岱琿納爾琿軒初恩都哩僧固拜滿章京納丹威瑚哩恩都蒙鄂樂喀屯諾延某年生小子某年生小子（為某人祭則呼某人本生年）今敬祝者貫九以盈具八以呈前期一二日虔備粢盛以祭於神靈豐於首而仔於肩衞於後而護於前畀以嘉祥兮齒其兒而髮其黃兮年其增而歲其長兮根其固而身其康兮神兮貺我神兮佑我永我年而壽我兮

初次誦神歌禱辭

納丹岱琿納爾琿軒初某年生小子某年生小子（為某人祭則呼某人本生年）今敬祝者貫九以盈具八以呈前期一二日虔備粢盛以祭於

神靈豐於首而仔於肩衛於後而護於前畀以嘉祥兮齒其兒而髮其黃兮年其增而歲其長兮根其固而身其康兮神兮貺我神兮佑我永我年而壽我兮

二次誦神歌禱辭

恩都哩僧固僧固恩都哩某年生小子某年生小子爲某人祭則呼某人本生年今敬祝者貫九以盈具八以呈前期一二日虔備粢盛以祭於神靈豐於首而仔於肩衛於後而護於前畀以嘉祥兮齒其兒而髮其黃兮年其增而歲其長兮根其固而身其康兮神兮貺我神兮佑我永我年而壽我兮

末次誦神歌禱辭

拜滿章京納丹威瑚哩恩都蒙鄂樂喀屯諾延某年生小子某年生小子爲某人祭則呼某人本生年今敬祝者貫九以盈具八以呈前期一二日虔備粢盛以祭於神靈豐於首而仔於肩衛於後而護於

前畀以嘉祥兮齒其兒而髮其黃兮年其增而歲其長兮根其固而身其康兮神兮貺我神兮佑我永我年而壽我兮

誦神歌禱祝後跪祝辭

上天之子年錫之神安春阿雅喇穆哩穆哩哈納丹岱琿納爾琿軒初恩都哩僧固拜滿章京納丹威瑚哩恩都蒙鄂樂喀屯諸延某年生小子某年生小子（爲某人祭則呼某人本生年）今敬祝者貫九以盈具八以呈前期一日虔備粢盛以祭於神靈豐於首而仔於肩衞於後而護於前畀以嘉祥兮齒其兒而髮其黃兮年其增而歲其長兮根其固而身其康兮神兮貺我神兮佑我永我年而壽我兮

夕祭灌淨水於豬耳禱辭

上天之子年錫之神安春阿雅喇穆哩穆哩哈納丹岱琿納爾琿軒初恩都哩僧固拜滿章京納丹威瑚哩恩都蒙鄂樂喀屯

諾延某年生小子某年生小子爲某人祭則呼某人本生年敬獻粢盛嘉悅以享兮

夕祭供肉祝辭

上天之子年錫之神安春阿雅喇穆哩穆哩哈納丹岱琿納爾琿軒初恩都哩僧固拜滿章京納丹威瑚哩恩都蒙鄂樂喀屯諾延某年生小子某年生小子爲某人祭則呼某人本生年今敬祝者貫九以盈具八以呈前期一二日虔備粢盛以祭於神靈豐於首而仔於肩衞於後而護於前畀以嘉祥兮齒其兒而髮其黃兮年其增而歲其長兮根其固而身其康兮神兮貺我神兮佑我永我年而壽我兮

背鐙祭初次向神鈴誦神歌禱辭

哲伊哷呼哲納爾琿掩戶牖以迓神兮納爾琿息甑竈以迓神分納爾琿肅將迎兮侑座以俟納爾琿祕以祀兮几筵具陳納

爾琿納丹岱琿藹然降兮納爾琿卓爾歡鍾依惠然臨兮納爾琿感於神鈴兮來格納爾琿莅於神鈴兮來歆納爾琿

二次搖神鈴誦神歌禱辭

納丹岱琿納爾琿軒初卓爾歡鍾依珠嚕珠克特亨某年生小子某年生小子（爲某人祭則呼某人本生年）今敬祝者貫九以盈具八以呈前期（一二）日虔備粢盛以祭於神靈豐於首而仔於肩衛於後而護於前畀以嘉祥兮齒其兒而髮其黃兮年其增而歲其長兮根其固而身其康兮神兮貺我神兮佑我永我年而壽我兮

三次向腰鈴誦神歌祈請辭

哲伊呼呼哲古伊雙寬列几筵兮以敬迓古伊雙寬潔粢盛兮以恭延古伊雙寬肅將迎兮盡敬古伊雙寬祕以祀兮申虔古伊雙寬乘羽葆兮陟於位古伊雙寬應鈴響兮降於壇古伊雙寬

四次搖腰鈴誦神歌禱辭

籲者惟神迓者斐孫犧牲既陳奔走臣鄰某年生小子某年生

小子為某人祭則呼某人本生年今敬祝者貫九以盈具八以呈前期一日二日

虔備粢盛以祭於神靈豐於首而仔於肩衞於後而護於前畀

以嘉祥兮齒其兒而髮其黄兮年其增而歲其長兮根其固而

身其康兮神兮貺我神兮佑我永我年而壽我兮

堂子立杆大祭儀注

每歲春秋二季

堂子立杆大祭所用之松木神杆前期一月派副管領一員帶領領

催三人披甲二十人前往直隸延慶州會同地方官於潔淨山

内砍取松樹一株長二丈圍徑五寸樹梢留枝葉九節餘俱削

去製為神杆用黄布袱包裹賫至

堂子内暫於近南牆所設之紅漆木架中間斜倚安置立杆大祭前

期一日立杆於
亭式殿前中間石上祭期預於
饗殿中間將鑲紅片金黃緞神幔用黃棉線繩穿繫其上懸掛東西
山牆所釘之鐵環北炕中間西首設供
佛亭之座炕上設黃漆大低桌二桌上供香碟三炕沿下楠木低桌
二桌上列藍花大磁椀二桌之兩旁地上設紅花小磁缸二桌
前鋪黃花紅氈一方
亭式殿內楠木高桌上供銅香爐高桌前楠木低桌上列藍花大磁
椀二桌之兩旁地上設暗龍碧磁小缸二
饗殿內設黃紗矗鐙二對
亭式殿內設黃紗矗鐙二對中道甬路皆設涼席並設紅紙矗鐙三
十有二屆時衣金黃緞衣內監八人舁黃緞
神輿進

內左門
近光左門
景和門預備於
坤寧宮門外衣黃緞衣司俎滿洲二人恭請
佛亭並貯
菩薩像黃漆木筩貯
關帝神像紅漆木筩安奉輿內衣金黃緞衣內監八人舁行由
宮殿正門出前引仗二對羊角鐙二對亦用衣金黃緞衣內監
執之司俎官二員司俎二人司俎滿洲二人由
宮內前引至
乾清門外侍衛十員前導掌儀司官一員司俎首領太監一員
內監八人扈行祭祀所用之淸酒罇打餻索繩淨紙神杆頂俱
置於架上及盛於食盒之內領催蘇拉舁之隨後而行至

堂子時衣黄緞衣司俎滿洲等恭請
神位供
佛亭於西首之座次於神幔上懸
菩薩像又次懸
關帝神像後將索繩三條一端合而爲一繫於北山牆中間所釘環
上一端由
饗殿隔扇頂横窗中孔内穿出牽至甬路所立繫索繩紅漆二木架
中間分穿於神杆頂之三孔内將黄綠白三色高麗紙所鏤錢
二十七張合爲九張掛於神杆頂三孔所繫三條索繩之上又
合而爲一由
亭式殿之南北隔扇頂之横窗孔中穿出繫於神杆將黄高麗布神
旛懸於神杆之上其
亭式殿内高案下所立杉木柱上掛黄綠白三色高麗紙所鏤錢二

十七張

饗殿內供打餻搓條餑餑九盤淸酒三琖於炕沿上所設二大低桌上司香啟亭門點香注淸酒於炕沿下所設低桌上二藍花大磁椀中

亭式殿內供打餻搓條餑餑三盤淸酒一琖於高桌上其低桌上所設二藍花大磁椀內亦注淸酒奏三絃琵琶之太監二人在

饗殿外丹陛之西鳴拍板之侍衛二十員在丹陛兩旁對坐鳴拍板拊掌衣朝服之二司祝進跪司香二人舉臺琖二分授於二司

祝二司祝接受臺琖同獻酒九次司俎官一員於

饗殿階下東首立贊鳴拍板即奏三絃琵琶鳴拍板拊掌二司祝每一獻將所獻之酒注於兩旁所設紅花磁缸內復自盛淸酒椀內挹新酒各注於二琖中獻之每一獻司俎官贊歌鄂囉羅侍衛等歌鄂囉羅九次獻畢二司祝以臺琖授於司香等同叩頭

興合掌致敬司俎官贊停拍板其三絃琵琶拍板暫止二司祝
進
亭式殿內跪司香等舉授臺琖二司祝同獻酒九次奏三絃琵琶鳴
拍板拊掌歌鄂囉羅均如
饗殿獻酒儀獻畢以臺琖授於司香等一叩頭興合掌致敬一司祝
預備於
亭式殿內一司祝進
饗殿正中立司香舉授神刀司祝接授神刀前進司俎官贊鳴拍板
即奏三絃琵琶鳴拍板拊掌司祝一叩頭興司俎官贊歌鄂囉
羅侍衛等歌鄂囉羅司祝擎神刀禱祝三次誦神歌一次擎神
刀禱祝時侍衛等歌鄂囉羅如是誦神歌三次禱祝九次畢仍
奏三絃琵琶鳴拍板拊掌司祝進
亭式殿內一叩頭興誦神歌擎神刀禱祝以及侍衛等歌鄂囉羅俱

如祭
饗殿儀禱祝畢復進
饗殿內一叩頭興又禱祝三次司俎官贊歌鄂囉羅侍衛等歌鄂囉
羅一次禱祝畢授神刀於司香司俎官贊停拍板其三絃琵琶
拍板皆止興退司祝復跪祝叩頭興合掌致敬退其
亭式殿內預備之司祝亦跪祝叩頭興合掌致敬退司香闔
佛亭門撤
菩薩像
關帝神像恭貯於木筒內仍用衣黃緞衣司俎滿洲等恭請安奉輿
內鐙仗排列前導請入
宮中如遇
皇帝親詣行禮掌儀官員鋪
皇帝拜褥於

饗殿及
亭式殿內武備院卿先鋪
皇帝坐褥於
饗殿隔扇外西首
皇帝東向坐於
饗殿簷下西間所設之褥內務府大臣恭進拍板奏三紘琵琶之司
俎太監二人前進在丹陛上西首鳴拍板之司俎官司俎十人
在丹陛兩旁次王貝勒在丹陛之上貝子公在丹陛之下按左
右翼對坐掌儀司官員以拍板授王貝勒等一司俎官立於
饗殿階下東首司祝獻酒擎神刀禱祝贊鳴拍板歌鄂囉羅則奏三
紘琵琶鳴拍板拊掌歌鄂囉羅
皇帝進
饗殿內行禮又進

亭式殿內行禮行禮畢武備院卿鋪
皇帝坐褥於西間正中
皇帝南向坐尚膳正司俎官以小桌列胙餻恭進尚茶正捧獻福
酒
皇帝受胙羊分賜各王公禮成
皇帝還宮所餘餻酒分賜扈從之侍衛官員司俎等
每歲春秋二季
堂子立杆大祭
饗殿內祝辭
上天之子佛及菩薩大君先師三軍之帥關聖帝君某年生小
子某年生小子為某人祭則呼某人本生年今敬祝者貫九以盈具八以呈
九期屆滿立杆禮行爰繫索繩爰備粢盛以祭於神靈豐於首
而仔於肩衛於後而護於前畀以嘉祥兮齒其兒而髮其黃兮

年其增而歲其長兮根其固而身其康兮神兮貺我神兮佑我
永我年而壽我兮

堂子亭式殿內祝辭

上天之子紐歡台吉武篤本貝子某年生小子某年生小子爲某人祭則呼某人本生年今敬祝者貫九以盈具八以呈九期屆滿立杆禮行爰繫索繩爰備粢盛以祭於神靈豐於首而仔於肩衛於後而護於前畀以嘉祥兮齒其兒而髮其黃兮年其增而歲其長兮根其固而身其康兮神兮貺我神兮佑我永我年而壽我兮

坤寧宮大祭儀注

每歲春秋二季

堂子內立杆大祭

坤寧宮於大祭前四十日在

坤寧宮內西炕上

神位前置缸一口以盛清酒於報祭前釀之司香等用槐子煎水染
白淨高麗布裁爲敬神布條用黃綠色棉線撚成敬神索繩以
各色綢條夾於其內又染紙鏤成錢文於報祭之日司俎婦人
煠做搓條餑餑大祭之日恭請朝祭
神位於
堂子內祭畢復請入
宮預於
坤寧宮內將鑲紅片金黃緞神幔用黃棉線繩穿繫其上懸掛
西山牆所釘之雕龍頭髹金紅漆三角架以淨紙二張掛於神
幔兩端舁供
佛之髹金小亭連座奉安於南首啓亭門次於神幔上懸
菩薩像又次懸
關帝神像均於大炕上東向供奉炕上設紅漆大低桌二桌上供香

碟三清酒三琖時果九碟打餻搓條餑餑九盤炕沿下供清酒
三罇罇前鋪黄花紅氈設獻酒長低桌桌上列黄磁大椀三一
盛清酒二空設司俎太監等預於中間屋内鍋前地上設油厚
高麗紙二張進包錫紅漆大桌二西向分爲二行各置於油高
麗紙上屆時司香點香司俎太監司俎等進豬二於
坤寧宫門外之右首皆北向奏三絃琵琶之司俎太監二司俎
官司俎八首領太監二以次進三絃琵琶在前次十人分二層
排列均向上盤膝坐奏三絃琵琶鳴拍板其後司俎滿洲等屆
一膝跪拊掌二司祝進於獻酒桌前跪二司香舉臺琖二分授
司祝二司祝接受臺琖同獻酒九次每一獻將所獻之酒注於
空椀内復自盛清酒椀内挹新酒注於二琖中以獻每一獻司
俎等歌鄂囉羅九次獻畢二司祝以臺琖授司香等同叩頭興
合掌致敬三絃琵琶拍板暫止司香及司香婦人撤盛酒之三

椀並獻酒之桌將大低桌上所供酒三琖傾於貯酒椀內復自
盛酒椀內挹新酒注之供於原處設司祝叩頭小低桌司香舉
神刀授司祝一司祝執神刀進司俎等復奏三絃琵琶鳴拍板
拊掌司祝一叩頭興司俎等復歌鄂囉羅司祝擎神刀禱祝三
次誦神歌一次擎神刀禱祝時司俎等歌鄂囉羅誦神歌三次
如前儀如是九次畢司祝跪一叩頭興又禱祝三次以神刀授
於司香奏三絃琵琶鳴拍板人等起立避於旁司香及司香婦
人照前換新酒三琖供之
皇帝親詣行禮司香移司祝叩頭小低桌於北首
皇帝進於朝祭
神位前正中向上立司祝先跪
皇帝跪司祝祝畢
皇帝行禮興退司祝叩頭興合掌致敬如

皇后行禮

皇帝在南

皇后在北行禮司俎官司俎等俱出外惟留司俎婦人太監等在

內如遇

皇帝

皇后不行禮之日司祝叩頭畢司香撤

佛

菩薩前供酒二琖闔供

佛小亭門撤

菩薩像恭貯於黄漆木筩司俎太監等恭舁供

佛小亭並所供二香碟移奉於

坤寧宫西楹大亭香碟供於前小亭座移置於後復移神幔稍

南摘取神幔南端懸掛之淨紙置於繪花紅漆抽屜桌上位

關帝神像於正中所供之酒並香碟皆移正中酒罇以淨袱羃之奏
三紘琵琶鳴拍板人等進坐於原處司香婦人斂氊三折之鋪
於近炕沿處司香舉臺琖授於司祝司俎太監等舁一豬入門
置炕沿下首西向司俎滿洲一人屈一膝跪按其豬司俎官及
司俎首領太監內監等奏三紘琵琶鳴拍板拊掌司祝跪於炕
沿下三折紅氊上斜向西南舉臺琖獻酒一次司俎等照前歌
鄂囉羅獻畢司祝致禱以二琖酒合注一琖中司俎滿洲執豬
耳司祝灌酒於豬耳內以臺琖授司香一叩頭三紘琵琶拍板
暫止司俎滿洲執豬尾移轉豬首向東司俎太監等進前舁豬
暫順放於包錫大桌上司香舉臺琖授司祝司祝接受臺琖舁
第二豬入門獻酒灌酒如前儀以包錫大桌上二豬俱令首西
向橫放省之每桌前令司俎婦人二舉銀裹木槽盆接血司香
婦人撤去氊進紅漆長高桌設於西炕前以接血木槽盆列高

桌上撤去所供餑餑酒果豬氣息後司俎等轉豬首順桌向南

直放去其皮按節解開煮於大鍋內其頭蹄及尾俱不去皮惟

燎毛燖淨亦煮於大鍋內以臟腑置於錫裏木槽盆舁出另室

內整理潔淨舁進以盛血木槽盆就地安置司俎滿洲一人進

於高桌前屈一膝跪灌血於腸亦煮鍋內司俎太監等置皮於

盛皮木槽盆內撤去包錫大桌二及油紙仍以膽與蹄甲貯紅

漆小木碟內置於炕上所設之大低桌北首邊上俟肉熟時細

切胙肉一椀設筯一雙供於大低桌正中以二豬之肉分置二

銀裏木槽盆內前後腿分設四角胸膛向前尾椿向後肋列兩

旁合湊畢置豬首於上復以臁貼連油整置於鼻柱上供於

神位前長高桌司香點香司香婦人鋪黃花紅氈司香設獻酒長低

桌仍列盛酒之椀並空椀司祝進前立司香舉臺琖授司祝司

祝進跪獻酒六次是獻也凡獻酒換琖注酒及司俎太監等奏

三絃琵琶司俎等鳴拍板司俎滿洲拊掌歌鄂囉羅六次俱如前儀六獻畢以臺琖授於司香叩頭興合掌致敬

皇帝

皇后親詣行禮如前儀神肉前叩頭畢撤下祭肉不令出戶盛於盤內於長高桌前按次陳列

皇帝率

皇后受胙或率王大臣等食肉之處請

旨遵行如遇

皇帝不受胙之日令值班大臣侍衛等進內食之食畢司祝進於

神位前一叩頭興合掌致敬司俎太監等撤去皮骨並將淸晨在抽屜桌上南首懸掛之淨紙一併撤出皮油送交膳房其骨膽蹄甲司俎官送潔淨處化而投之於河隨將神幔收捲其所掛紙錢存俟月終貯高麗紙囊內除夕送赴

堂子與

堂子內所掛淨紙及神杆同化之所有

關帝神像恭貯於紅漆木筒其供

佛小亭恭貯

菩薩像木筒及二香碟仍移奉西楹以小亭安奉於亭座上

菩薩像

關帝神像二筒安奉於西山牆繪花紅漆抽屜桌上供香碟三於桌之東邊其夕祭

神儀預將鑲紅片金青緞神幔繫於黑漆架上用黃色皮條穿大小鈴七枚繫樺木杆梢懸於架梁之西恭請

穆哩罕神自西按序安奉架上

畫像神安奉於神幔正中設

蒙古神座於左皆於北炕南向炕上設紅漆大低桌二桌上供香碟

五清酒三琖時果九碟打餻搓條餑餑九盤炕沿下供清酒三
罇未進豬之前恭請
佛
菩薩像並二香碟供於西楹大亭預令司俎太監等鋪油紙設桌俱
如朝祭儀屆時進豬置於常放之處司香點香司香婦人以司
祝祝禱時所坐黑漆杌置
神位前司俎太監以鼓連架近杌安置司祝繫閃緞裙束腰鈴執手
鼓進於
神位前司俎太監二人進西向立一太監擊鼓一大監鳴拍板司祝
先向
神位坐於杌上擊手鼓誦請神歌祈請擊鼓太監一手擊鼓一點以
和手鼓司祝拱立初次向後盤旋蹡步祝禱擊鼓太監雙手擊
鼓三點以和手鼓司祝復盤旋蹡步前進祝禱擊鼓太監雙手

擊鼓五點以和手鼓司祝拱立初次誦請神歌擊鼓五點拍板
三鳴以和之二次向後向前盤旋蹈步祝禱惟擊鼓七點司祝
拱立誦神歌以禱仍擊鼓五點拍板三鳴三次祝禱亦惟擊鼓
十一點司祝拱立三次誦神歌以禱擊鼓四點末以雙槌交擊
一次拍板仍三鳴以和之三次誦神歌禱畢司祝祝禱時惟擊
鼓四點三鼓而止退司祝以手鼓授司香婦人釋閃緞裙腰鈴
司香及司香婦人以所供酒五琖如朝祭儀換新酒供之司香
婦人鋪黄花紅氈
皇帝親詣行禮司香婦人移置司祝叩頭小低桌於西首
皇帝進於夕祭
神位前正中向上立司祝先跪祝畢
皇帝行禮如朝祭儀如同
皇后行禮

皇帝在東
皇后在西行禮如遇
皇帝
皇后不行禮之日司祝叩頭畢司香及司香婦人如前儀換注新酒於琖中供之酒鐏以淨袱冪之司香婦人斂氈三折之鋪於近炕沿處置清酒一椀空琖一於炕沿上司俎太監等舁豬入門置炕沿下首北向司俎滿洲一人屈一膝跪按其豬司祝跪於炕沿下三折紅氈上斜向東北從盛酒椀內挹酒注於琖中舉捧禱祝司俎滿洲執豬耳司祝灌酒於豬耳內以琖置炕沿一叩頭司俎滿洲執豬尾移轉豬首向南司俎太監等進前舁豬暫順放於包錫大桌上司祝跪從酒椀內挹酒注於琖中舁第二豬入門仍如前儀獻酒禱祝灌酒畢一叩頭興退置豬於包錫大桌上二豬俱令首向西省之每桌前令司俎婦人二舉

銀裏木槽盆接血司香婦人撤去氈進紅漆長高桌設於北炕
前以接血木槽盆列長高桌上撤去大低桌上所供之餻惟留
一盤其餘餻酒與果亦俱撤去豬氣息後司俎等轉豬首順桌
向南直放其去皮節解灌血腸煮肉以及撤出包錫大桌油紙
等件俱如朝祭儀惟膽與蹄甲於竈內化之俟肉熟細切胙肉
五椀每椀設筯一雙供於炕上二大低桌之上以二豬之肉分
置二銀裏木槽盆內如朝祭儀供於
神位前長高桌司香點香司香婦人鋪黃花紅氈設司祝叩頭桌
皇帝
皇后親詣行禮如夕祭儀如遇
皇帝
皇后不行禮之日司祝進跪禱祝叩頭合掌致敬司香婦人收氈
以司祝所坐之杌置夕祭常放處又設小桌小腰鈴列於桌上

神鈴置於桌之東撤出香碟內火並鐙掩竃內火展背鐙青綢幕蔽之衆俱退出闔戶擊鼓太監以鼓移幕前近處司祝坐於杌上初次誦神歌向神鈴祈請時擊鼓四點又雙槌交擊一次拍板三鳴以和之次司祝執鈴杆振鈴誦神歌以禱鼓擊五點拍板三鳴以和之司祝置神鈴初次誦神歌向腰鈴祈請鼓擊四點又雙槌交擊一次拍板三鳴以和之司祝搖腰鈴誦神歌以禱鼓擊五點拍板三鳴以和腰鈴之聲禱畢鼓擊三點拍板一鳴而止捲起背鐙神幔開戶移入鐙火撤祭肉送交膳房恭

請

佛

菩薩像並二香碟仍安奉西楹原位二香碟亦供於原處收捲神幔

撤夕祭

神畫像並

蒙古神

穆哩罕神俱恭貯紅漆匣内安奉於北牆繪花黑漆抽屜桌上供香碟五於桌之南邊

坤寧宮大祭朝祭誦神歌禱祝辭

上天之子佛及菩薩大軍先師三軍之帥關聖帝君某年生小子某年生小子（爲某人祭則呼某人本生年）今敬祝者貫九以盈具八以呈九期屆滿立杆禮行爰繫索繩爰備粢盛以祭於神靈豐於首而仔於肩衞於後而護於前畀以嘉祥兮齒其兒而髮其黃兮年其增而歲其長兮根其固而身其康兮神兮貺我神兮佑我永我年而壽我兮

朝祭灌酒於豬耳禱辭

上天之子三軍之帥關聖帝君某年生小子某年生小子（爲某人祭則呼某人本生年）敬獻粢盛嘉悅以享兮

朝祭供肉祝辭

上天之子三軍之帥關聖帝君某年生小子某年生小子爲某人祭則呼某人本生年今敬祝者貫九以盈具八以呈九期屆滿立杆禮行爰繫索繩爰備粢盛以祭於神靈豐於首而仔於肩衛於後而護於前畀以嘉祥兮齒其兒而髮其黃兮年其增而歲其長兮根其固而身其康兮神兮貺我神兮佑我永我年而壽我兮

夕祭坐於杌上誦神歌禱辭

自天而降阿琿年錫之神與日分精年錫之神年錫惟靈安春阿雅喇穆哩穆哩哈納丹岱琿納爾琿軒初恩都哩僧固拜滿章京納丹威瑚哩恩都蒙鄂樂喀屯諾延某年生小子某年生小子爲某人祭則呼某人本生年今敬祝者貫九以盈具八以呈九期屆滿立杆禮行爰繫索繩爰備粢盛以祭於神靈豐於首而仔於肩衛於後而護於前畀以嘉祥兮齒其兒而髮其黃兮年其增而

歲其長兮根其固而身其康兮神兮貺我神兮佑我永我年而壽我兮

初次誦神歌禱辭

納丹岱琿納爾琿軒初某年生小子某年生小子（爲某人祭則呼某人本生年）今敬祝者貫九以盈具八以呈九期屆滿立杆禮行爰繫索繩爰備粢盛以祭於神靈豐於首而仔於肩衛於後而護於前畀以嘉祥兮齒其兒而髮其黃兮年其增而歲其長兮根其固而身其康兮神兮貺我神兮佑我永我年而壽我兮

二次誦神歌禱辭

恩都哩僧固僧固恩都哩某年生小子某年生小子（爲某人祭則呼某人本生年）今敬祝者貫九以盈具八以呈九期屆滿立杆禮行爰繫索繩爰備粢盛以祭於神靈豐於首而仔於肩衛於後而護於前畀以嘉祥兮齒其兒而髮其黃兮年其增而歲其長兮根其

固而身其康兮神兮貺我神兮佑我永我年而壽我兮

末次誦神歌禱辭

拜滿章京納丹威瑚哩恩都蒙鄂樂喀屯諾延某年生小子某年生小子（爲某人祭則呼某人本生年）今敬祝者貫九以盈具八以呈九期屆滿立杆禮行爰繫索繩爰備粢盛以祭於神靈豐於首而仔於肩衛於後而護於前畀以嘉祥兮齒其兒而髮其黃兮年其增而歲其長兮根其固而身其康兮神兮貺我神兮佑我永我年而壽我兮

誦神歌禱祝後跪祝辭

上天之子年錫之神安春阿雅喇穆哩穆哩哈納丹岱琿納爾琿軒初恩都哩僧固拜滿章京納丹威瑚哩恩都蒙鄂樂喀屯諾延某年生小子某年生小子（爲某人祭則呼某人本生年）今敬祝者貫九以盈具八以呈九期屆滿立杆禮行爰繫索繩爰備粢盛以祭

於神靈豐於首而仔於肩衞於後而護於前畀以嘉祥兮齒其兒而髮其黃兮年其增而歲其長兮根其固而身其康兮神兮貺我神兮佑我永我年而壽我兮

夕祭灌酒於豬耳禱辭

上天之子年錫之神安春阿雅喇穆哩穆哩哈納丹岱琿納爾琿軒初恩都哩僧固拜滿章京納丹威瑚哩恩都蒙鄂樂喀屯諸延某年生小子（爲某人祭則呼某人本生年）敬獻粢盛嘉悅以享兮

夕祭供肉祝辭

上天之子年錫之神安春阿雅喇穆哩穆哩哈納丹岱琿納爾琿軒初恩都哩僧固拜滿章京納丹威瑚哩恩都蒙鄂樂喀屯諸延某年生小子某年生小子（爲某人祭則呼某人本生年）今敬祝者貫九以盈具八以呈九期屆滿立杆禮行爰繫索繩爰備粢盛以祭

於神靈豐於首而仔於肩衛於後而護於前畀以嘉祥兮齒其兒而髮其黃兮年其增而歲其長兮根其固而身其康兮神兮貺我神兮佑我永我年而壽我兮

背鐙祭初次向神靈誦神歌祈請辭

哲伊呼呼哲納爾琿掩戶牖以迓神兮納爾琿息甑竈以迓神兮納爾琿肅將迎兮侑座以俟納爾琿祕以祀兮几筵具陳納爾琿納丹岱琿藹然降兮納爾琿卓爾歡鍾依惠然臨兮納爾琿感於神鈴兮來格納爾琿莅於神鈴兮來歆納爾琿

二次搖神鈴誦神歌禱辭

納爾岱琿納爾琿軒初卓爾歡鍾依珠嚕珠克特亨某年生小子某年生小子（為某人祭則呼某人本生年）今敬祝者貫九以盈具八以呈九期屆滿立杆禮行爰繫索繩爰備粢盛以祭於神靈豐於首而仔於肩衛於後而護於前畀以嘉祥兮齒其兒而髮其黃兮

年其增而歲其長兮根其固而身其康兮神兮貺我神兮佑我永我年而壽我兮

三次向腰鈴誦神歌祈請辭

哲伊哷呼哲古伊雙寬列几筵兮以敬迓古伊雙寬潔粢盛兮以恭延古伊雙寬肅將迎兮盡敬古伊雙寬祕以祀兮申虔古伊雙寬乘羽葆兮陟於位古伊雙寬應鈴響兮降於壇古伊雙寬

四次搖腰鈴誦神歌禱辭

籲者惟神迓者斐孫犧牲既陳奔走臣鄰某年生小子某年生小子（爲某人祭則呼某人本生年）今敬祝者貫九以盈具八以呈九期屆滿立杆禮行爰繫索繩爰備粢盛以祭於神靈豐於首而仔於肩衛於後而護於前畀以嘉祥兮齒其兒而髮其黃兮年其增而歲其長兮根其固而身其康兮神兮貺我神兮佑我永我年而

壽我兮

大祭翌日祭天儀注

大祭翌日祭天預期如前儀恭請

佛

菩薩像供於

坤寧宮西楹大亭司俎太監等於

神杆東北鋪油厚高麗紙設包錫紅漆大案一西向卸下

神杆以杆端向東斜仰於倚柱上杆首拄於地撤舊夾淨紙舊

穿頸骨置銅海內化之

神杆石前向上設紅漆高案一供銀碟三中碟盛所灑米旁二

碟空設置淨紙一張於案上離

神杆石稍遠西北方設紅漆架一架上覆以紅氈架南設花木

方盤桌一紅漆方盤二俱向後挨次而設盤內置案板數枚移

紅銅鍋並銅海設於木盤之北竈門東向屆時司俎太監等進
豬置於
神杆石之東旁稍後首南向
皇帝親詣行禮司香婦人於
坤寧宮門內近檻處鋪
皇帝行禮黄花紅氈
皇帝進門對
神杆向上跪司俎滿洲進向前立捧米碟灑米一次禱祝祭天
畢又灑米二次退
皇帝行禮興退如同
皇后行禮
皇帝居中
皇后在西行禮司俎等俱退出於外太監等率祝禱祭天之司俎

滿洲背立如遇
皇帝
皇后不親詣行禮日司祝捧
皇帝御衣叩頭畢司俎太監等轉豬首向西置於包錫大桌上省
之司俎太監二舉銀裹木槽盆接血列於高案上豬氣息後轉
豬首向南順放司俎等即於院內去豬皮先以頸骨連精肉取
下並擇取餘肉煮於紅銅鍋內餘俱按節解開擺列於銀裹木
槽盆內置首於前以皮蒙蓋其上南向順放於包錫大案上腸
臟修整後亦貯於木槽盆內以盛血木槽盆橫放於盛肉木槽
盆之前肉熟時司俎等向東列坐於木盤後以熟肉細切爲絲
先取精肉頸骨供於高案西邊所設銀碟內臍貯於東邊所設
銀碟內細絲小肉成後盛小肉絲二椀各置筯一雙稗米飯二
椀各置匙一枚從東向西飯肉相間以供

皇帝親詣行禮司俎滿洲仍如前儀捧米碟灑米一次禱祝祭天

畢又灑米二次退叩頭畢司俎官司俎等以頸骨穿於

神杆之端精肉及膽並所灑米俱貯於

神杆斗內立起

神杆淨紙夾於

神杆與倚柱之閒東首所供之小肉飯撤入

坤寧宮內

皇帝

皇后受胙獻於

皇帝

皇后如遇

皇帝

皇后不行禮之日令在

坤寧宮内人等食之西首所供之小肉飯留於外銅鍋内所餘
湯肉令司俎及太監等食之其餘生肉並銀裏木槽盆及包錫
高案油厚高麗紙俱移入
坤寧宮内如祭神儀取頭蹄燎燖腸内灌血煮於大鍋内大肉
熟後盛於盤内置原處亦不許出戶令大臣侍衛等進内食之
食畢司俎太監撤出油紙高案及皮骨皮油送交膳房骨則司
俎官送潔淨處監視化而投之於河恭請
佛
菩薩像至西楹安奉於原位鍋海置於原處神架方盤等物各收於
原處如遇雨雪司俎及司俎太監等張大油紙繖遮於祭天桌
鍋之上
大祭翌日祭天贊辭
安哲上天監臨我覺羅某年生小子為某人祭天則呼某人本生年蠲精誠以

薦鬯兮執豕孔碩獻於昊蒼兮一以嘗兮二以將兮俾我某年生小子年其增而歲其長兮根其固而身其康兮綏以安吉兮惠以嘉祥兮

欽定滿洲祭神祭天典禮卷三

欽定滿洲祭神祭天典禮卷四

求福儀注

求福祭祀前期數日司俎官司俎司香等向無事故滿洲九家內攢取棉線並紬片敬撚線索二條紉以小方戒綢各三片釀醴酒前期一日司俎官二員帶領司俎二人司俎滿洲二人前往

瀛臺會同奉宸院官員監看砍取高九尺圍徑三寸完整柳樹一株以黃布袱包裹賫至暫置於潔淨處屆期安設樹柳枝石於

坤寧宮戶外廊下正中樹柳枝於石柳枝上懸掛鏤錢淨紙條一張三色戒綢三片

神位仍如朝祭儀懸掛神幔供畢大低桌上供香碟三醴酒三琖豆擦餻九碟㸌餻九碟打餻九盤炕沿下供醴酒一罇西炕南首

設求福紅漆高桌一桌上供醴酒九琖煮鯉魚二大椀稗米飯二椀水餻子二椀其熛餻豆擦餻打餻皆於桌上各以九數層壘擺列高桌後西炕上設褥二以練麻一縷繫於神箭之上以九家內攢取之各色棉線捻就線索二條暫懸掛於神箭上神箭立於西炕下所設酒罇之北其捻就黃綠色棉線索繩上以各色綢片夾繫之其本則繫於西山牆所釘鐵環末則穿出戶外繫於柳枝司香婦人等鋪叩頭黃花紅氈

皇帝

皇后親詣行禮入

坤寧宮立於南首司俎首領太監司俎太監等如朝祭儀席地列坐奏三絃琵琶鳴拍板司祝進擎神刀誦神歌禱祝三次每次禱祝則太監等歌鄂囉羅禱畢司香舉線索練麻神箭授於司祝司香及司香婦人舁西首所設求福高桌出於戶外供於

柳枝前司祝左手擎神刀右手持神箭出進於桌前立司香婦
人於檻內鋪黃花紅氈
皇帝居中
皇后在檻內東首跪司祝於桌之右首對柳枝舉揚神箭以練麻
拂拭柳枝初次誦神歌禱畢司祝東向鞠躬舉神箭奉練麻於
皇帝
皇帝三捋而懷之鳴拍板之太監等歌鄂囉羅司祝二次舉揚神
箭誦神歌禱畢仍奉練麻於
皇帝
皇帝仍三捋而懷之太監等歌鄂囉羅司祝三次舉揚神箭誦神
歌禱畢奉練麻於
皇后
皇后亦三捋而懷之太監等歌鄂囉羅

皇帝
皇后一叩頭興坐於西炕所鋪褥上舉桌上所供之酒灑於柳枝
上以桌上所供之糕夾於柳枝所有枝叉之間進求福高桌置
於原處司祝入進於
神位前舉揚神箭誦神歌禱畢奉練麻於
皇帝
皇帝三捋而懷之如前儀司祝二次舉揚神箭誦神歌禱畢仍奉
練麻於
皇帝
皇帝仍三捋而懷之司祝三次舉揚神箭誦神歌禱畢奉練麻於
皇后
皇后三捋而懷之如前儀每一捋太監等仍歌鄂囉羅司祝以神
刀授於司香取神箭上所繫之線索二條其神箭亦授於司香

司香以神箭置於原處
皇帝
皇后興
皇帝進於
神位前跪於常祭行禮處一司祝奉線索一條於
皇帝繫掛一司祝奉線索一條於
皇后繫掛一司祝於西首跪祝祝畢一叩頭興合掌致敬
皇帝
皇后同一叩頭興
皇帝
皇后仍坐於西炕所鋪褥上司祝及司香等以所供
福胙盛於碟內請
皇帝

皇后受福受福畢
皇帝
皇后興還宫所餘
福胙均不令出戶俱分給司俎及宫中太監等食之不使稍有餘
臢魚之鱗刺司俎官等持出投於潔淨河內柳枝上所夾之餻
亦令衆人食之不使稍有餘臢其夕祭求福如夕祭儀繫幔於
架上安奉
神位炕上設二大低桌桌上供香碟五醴酒五琖豆擦餻九碟㸌餻
九碟打餻九盤司祝繫裙束腰鈴執手鼓如常祭儀誦神歌禱
祝太監等仍擊鼓鳴拍板禱祝畢司祝釋裙與腰鈴祝禱叩頭
皇帝
皇后行禮如夕祭儀叩頭畢所供之
福胙亦不令出戶即醴酒所餘糟粕俱做爲糜粥分給司俎及宫

中太監等食之食畢取柳枝所繫線索收貯囊內仍懸掛於西
山牆其柳枝司俎官司俎及司俎滿洲等送赴
堂子至除夕同神杆淨紙化之
皇帝
皇后所掛線索過三日後解下
皇后親持入
坤寧宮授於司祝司祝接受貯於囊內懸掛之
皇后一叩頭還
宮
樹柳枝求福司祝於戶外對柳枝舉揚神箭誦神歌禱辭
佛立佛多鄂謨錫瑪瑪之神位某年生小子某年生小子爲某人祭
則呼某人本生年今敬祝者聚九家之綵線樹柳枝以牽繩舉揚神箭
以祈福佑以致敬誠憫我某年生小子憫我某年生小子爲某人祭

則呼某人本生年綏以多福承之於首介以繁祉服之於膺千祥薈集九敍阜盈亦既孔皆福祿來成神兮貺我神兮佑我豐於首而仔於肩衞於後而護於前畀以嘉祥兮偕老而成雙兮富厚而豐穰兮如葉之茂兮如本之榮兮食則體腴兮飲則滋營兮甘旨其獻兮朱顏其鮮兮歲其增而根其固兮年其永而壽其延兮

朝祭

神前求福祝辭

上天之子佛及菩薩大君先師三軍之帥關聖帝君佛立佛多鄂謨錫瑪瑪之神位某年生小子某年生小子為某人祭則呼某人本生年今敬祝者聚九家之綵線樹柳枝以牽繩舉揚神箭以祈福佑以致敬誠憫我某年生小子憫我某年生小子為某人祭則呼某人本生年綏以多福承之於首介以繁祉服之於膺千祥薈集九敍阜盈

亦既孔皆福祿來成神兮貺我神兮佑我豐於首而仔於肩衛於後而護於前畀以嘉祥兮偕老而成雙兮富厚而豐穰兮如葉之茂兮如本之榮兮食則體腴兮飲則滋營兮甘旨其獻兮朱顏其鮮兮歲其增而根其固兮年其永而壽其延兮

夕祭

神前求福祝辭

上天之子年錫之神安春阿雅喇穆哩穆哩哈納丹岱琿納爾琿軒初恩都哩僧固拜滿章京納丹威瑚哩恩都蒙鄂樂喀屯諾延佛立佛多鄂謨錫瑪瑪之神位某年生小子某年生小子（為某人祭則呼某人本生年）今敬祝者聚九家之綵線樹柳枝以牽繩舉揚神箭以祈福佑以致敬誠憫我某年生小子憫我某年生小子（為某人祭則呼某人本生年）綏以多福承之於首介以繁祉服之於膺千祥薈集九敍阜盈亦既孔皆福祿來成神兮貺我神兮佑我豐於

首而仔於肩衛於後而護於前畀以嘉祥兮偕老而成雙兮富厚而豐穰兮如葉之茂兮如本之榮兮食則體腴兮飲則滋營兮甘旨其獻兮朱顏其鮮兮歲其增而根其固兮年其永而壽其延兮

樹柳枝爲嬰兒求福祭祀司祝於戶外對柳枝舉揚神箭誦

神歌禱辭

佛立佛多鄂謨錫瑪瑪之神位某年生小子某年生小子（爲某人祭則呼某人本生年）今敬祝者聚九家之綵線樹柳枝以牽繩舉揚神箭以祈福佑以致敬誠憫我某年生小子憫我某年生小子（爲某人祭則呼某人本生年）綏以多福承之於首介以繁祉服之於膺千祥薈集九敍阜盈亦既孔皆福祿來成神兮貺我神兮佑我豐於首而仔於肩衛於後而護於前畀以嘉祥兮體其暢而身其康兮如葉之茂兮如本之榮兮食則體腴兮飲則滋營兮甘旨其獻兮

朱顏其鮮兮歲其增而根其固兮年其永而壽其延兮

朝祭

神前求福祝辭

上天之子佛及菩薩大君先師三軍之帥關聖帝君佛立佛多鄂謨錫瑪瑪之神位某年生小子某年生小子為某人祭則呼某人本生年今敬祝者聚九家之綵線樹柳枝以牽繩舉揚神箭以祈福佑以致敬誠憫我某年生小子憫我某年生小子為某人祭則呼某人本生年綏以多福承之於首介以繁祉服之於膺千祥薈集九敍阜盈亦既孔皆福祿來成神兮貺我神兮佑我豐於首而仔於肩衞於後而護於前畀以嘉祥兮體其暢而身其康兮如葉之茂兮如本之榮兮食則體腴兮飲則滋營兮甘旨其獻兮朱顏其鮮兮歲其增而根其固兮年其永而壽其延兮

夕祭

神前求福祝辭

上天之子年錫之神安春阿雅喇穆哩穆哩哈納丹岱琿納爾琿軒初恩都哩僧固拜滿章京納丹威瑚哩恩都蒙鄂樂喀屯諾延佛立佛多鄂謨錫瑪瑪之神位某年生小子某年生小子為某人祭則呼某人本生年今敬祝者聚九家之綵線樹柳枝以牽繩舉揚神箭以祈福佑以致敬誠憫我某年生小子憫我某年生小子為某人祭則呼某人本生年綏以多福承之於首介以繁祉服之於膺千祥薈集九敍阜盈亦既孔皆福祿來成神兮貺我神兮佑我豐於首而仔於肩衛於後而護於前畀以嘉祥兮體其暢而身其康兮如葉之茂兮如本之榮兮食則體腴兮飲則滋營兮甘旨其獻兮朱顏其鮮兮歲其增而根其固兮年其永而壽其延兮

春季獻雛雞背鐙祭祀祝辭

上天之子年錫之神安春阿雅喇穆哩穆哩哈納丹岱琿納爾

琿軒初恩都哩僧固拜滿章京納丹威瑚哩恩都蒙鄂樂喀屯
諸延某年生小子某年生小子爲某人背鐙祭則呼某人本生年敬以家畜珍
禽嗌頸落羽以獻於神豐於首而仔於肩衛於後而護於前畀
以嘉祥兮齒其兒而髮其黃兮年其增而歲其長兮根其固而
身其康兮神兮貺我神兮佑我永我年而壽我兮

夏季獻子鵞背鐙祭祀祝辭

上天之子年錫之神安春阿雅喇穆哩穆哩哈納丹岱琿納爾
琿軒初恩都哩僧固拜滿章京納丹威瑚哩恩都蒙鄂樂喀屯
諸延某年生小子某年生小子爲某人背鐙祭則呼某人本生年敬以家畜珍
禽嗌頸落羽以獻於神豐於首而仔於肩衛於後而護於前畀
以嘉祥兮齒其兒而髮其黃兮年其增而歲其長兮根其固而
身其康兮神兮貺我神兮佑我永我年而壽我兮

秋季獻魚背鐙祭祀祝辭

上天之子年錫之神安春阿雅喇穆哩穆哩哈納丹岱琿納爾琿軒初恩都哩僧固拜滿章京納丹威瑚哩恩都蒙鄂樂喀屯諾延某年生小子某年生小子（爲某人背鐙祭則呼某人本生年）敬以江河所獲羞珍以獻於神豐於首而仔於肩衛於後而護於前畀以嘉祥兮齒其兒而髮其黃兮年其增而歲其長兮根其固而身其康兮神兮貺我神兮佑我永我年而壽我兮

冬季獻雉背鐙祭祀祝辭

上天之子年錫之神安春阿雅喇穆哩穆哩哈納丹岱琿納爾琿軒初恩都哩僧固拜滿章京納丹威瑚哩恩都蒙鄂樂喀屯諾延某年生小子某年生小子（爲某人背鐙祭則呼某人本生年）敬以山林所獲羞珍以獻於神豐於首而仔於肩衛於後而護於前畀以嘉祥兮齒其兒而髮其黃兮年其增而歲其長兮根其固而身其康兮神兮貺我神兮佑我永我年而壽我兮

獻鮮背鐙祭祀祝辭

上天之子年錫之神安春阿雅喇穆哩穆哩哈納丹岱琿納爾

琿軒初恩都哩僧固拜滿章京納丹威瑚哩恩都蒙鄂樂喀屯

諾延某年生小子某年生小子（為某人背鐙祭則呼某人本生年）敬以山林所

獲羞珍以獻於神豐於首而仔於肩衛於後而護於前畀以嘉

祥兮齒其兒而髮其黃兮年其增而歲其長兮根其固而身其

康兮神兮貺我神兮佑我永我年而壽我兮

堂子亭式殿祭馬神儀注

正日祭馬神於

堂子亭式殿司俎官一員司俎一人於

亭式殿內高案下所立杉木柱上掛紙錢二十七張案上供打餻一

盤醴酒一琖縛馬鬃尾綠綢條二十對又於地上所設低桌上

供大椀二一盛酒一空設司香點香牧長牽白馬十匹立於

亭式殿外甬路下東面向西奏三絃琵琶之太監二人於甬路上西

面向東鳴拍板拊掌之看守

堂子人東面向西俱坐司祝進跪司香舉臺琖授司祝司祝接受獻

酒六次司俎官一員於

亭式殿外階下東首立贊鳴拍板即奏三絃琵琶鳴拍板拊掌司祝

每獻酒將所獻之酒注於空椀內復自盛醴酒椀內挹新酒注

於二琖中獻之每獻酒司俎官贊歌鄂囉羅看守

堂子人歌鄂囉羅六次獻畢以臺琖授於司香司祝一叩頭興合掌

致敬司俎官贊停拍板其三絃琵琶拍板暫止司香舉神刀授

司祝司祝接受神刀進司俎官贊鳴拍板即奏三絃琵琶鳴拍

板拊掌司祝一叩頭興司俎官贊歌鄂囉羅則歌鄂囉羅司祝

擎神刀禱祝三次誦神歌祝禱一次擎神刀禱祝時則歌鄂囉

羅誦神歌祝禱三次如前儀如是九次畢司祝一叩頭興復禱

祝三次以神刀授於司香司俎官贊停拍板其三紘琵琶拍板皆止司祝一叩頭興合掌致敬立於近高案東首取案上縛馬鬃尾綢條於香爐上薰禱以縛馬鬃尾綢條授於司俎官退司俎官以縛馬鬃尾綢條授於牧長繫於馬之鬃尾所供餻酒分給牧長等

正日爲所乘馬祭祀

堂子亭式殿祝辭

上天之子紐歡台吉武篤本貝子某年生小子（爲某人之馬祭則呼某人本生年）今爲所乘馬敬祝者撫脊以起兮引鬣以興兮嘶風以奮兮噓霧以行兮食草以壯兮齧艾以騰兮溝穴其弗蹈兮盜賊其無擾兮神其貺我神其佑我

正日祭馬神儀注

正日爲所乘馬於祭馬神室中祭朝祭

神預將鑲紅片金黃緞神幔用黃棉線繩穿繫其上懸掛西山牆梁
上南北所釘之二鐵環以淨紙二張各四折鏤錢四掛於神幔
兩端昇供
佛之髹金小亭連座奉安於神幔前東向啟亭門大炕上設紅漆大
低桌二桌上供香碟三醴酒三琖打餻搓條餑餑九盤炕沿下
供醴酒一罇罇前鋪紅氈設獻酒長低桌桌上列黃磁大椀二
一盛醴酒一空設司俎太監等預進包錫紅漆大桌二設於中
間屋內鍋旁西向分為二行擺列屆時司香點香司俎太監司
俎等進豬二於
祭室門外之右首皆北向奏三絃琵琶之司俎太監二司俎官
司俎四首領太監一以次進三絃琵琶在前次五人排列均向
上盤膝坐奏三絃琵琶鳴拍板其後司俎滿洲等屆一膝跪拊
掌司祝進於獻酒桌前跪司香舉臺琖授司祝司祝接受獻酒

六次每一獻將所獻之酒注於空椀內復自盛醴酒椀內挹新酒注於二琖中以獻每一獻司俎等歌鄂囉羅六次獻畢司祝以臺琖授於司香一叩頭興合掌致敬三絃琵琶拍板暫止司香及司香婦人撤盛酒之二椀並獻酒之桌設司祝叩頭小低桌司香舉神刀授司祝司祝執神刀進司俎等復奏三絃琵琶鳴拍板拊掌司祝一叩頭興司俎等歌鄂囉羅司祝擎神刀禱祝三次誦神歌一次擎神刀禱祝時司俎等復歌鄂囉羅誦神歌三次如前儀如是九次畢司祝跪一叩頭興又禱祝三次以神刀授於司香奏三絃琵琶鳴拍板人等起立避於旁司祝跪祝叩頭興合掌致敬司香婦人撤

佛

菩薩前供酒二琖移亭座稍後闔其門二香碟擎出戶外供於祭室簷下傍西山牆所設

亭內移神幔稍南

關帝神像前所供酒並香碟皆移正中酒罇以淨袱羃之奏三絃琵琶鳴拍板人等進坐於原處司香婦人斂氊三折之鋪於近炕沿處司香舉臺琖授於司祝司俎太監等舁一豬入門置炕沿下首西向司俎滿洲一人屈一膝跪按其豬司俎官及司俎首領太監內監等奏三絃琵琶鳴拍板拊掌司祝跪於炕沿下三折紅氊上斜向西南舉臺琖獻酒一次司俎等照前歌鄂囉羅獻畢司祝致禱以二琖酒合注一琖中司俎滿洲執豬耳司祝灌酒於豬耳內以臺琖授司香一叩頭三絃琵琶拍板暫止司俎滿洲執豬尾移轉豬首向東司俎太監等進前舁豬暫順放於包錫大桌上司香舉臺琖授司祝司祝接受臺琖舁第二豬入門獻酒灌酒如前儀以包錫大桌上二豬俱令首西向横放省之每桌前令司俎婦人二舉錫裏木槽盆接血司香婦人撤

去氈進紅漆長高桌設於西炕前以接血木槽盆列高桌上撤去所供餻酒豬氣息後司俎等轉豬首順桌向南直放去其皮按節解開煑於大鍋內頭蹄及尾俱不去皮惟燎毛燖淨亦煮於大鍋內以臟腑置於錫裏木槽盆舁出院內整理潔淨舁進以盛血木槽盆就地安置司俎滿洲一人進於高桌前屈一膝跪灌血於腸亦煑鍋內司俎太監等置皮於盛皮木槽盆內撤去包錫大桌二仍以膽與蹄甲貯紅漆小木碟內置於炕上所設之大低桌北首邊上俟肉熟時細切胙肉一椀設筯一雙供於大低桌正中以二豬之肉分置二錫裏木槽盆內前後腿分設四角胷膛向前尾椿向後肋列兩旁合湊畢置豬首於上復以臁貼連油整置於鼻柱上供於

神位前長高桌司香點香取縛馬鬃尾紅綢條七十對置於大低桌上司香婦人鋪紅氈一司香舉醴酒椀一司香舉空椀齊進立

又一司香舉臺琖授司祝司祝進跪獻酒三次是獻也凡獻酒
換琖注酒及司俎太監等奏三絃琵琶司俎等鳴拍板司俎滿
洲拊掌歌鄂囉羅三次俱如前儀三獻畢以臺琖授於司香一
叩頭興合掌致敬復跪祝叩頭興取桌上縛馬鬃尾綢條於香
碟上薰禱授司俎官司俎官授上駟院侍衛等分給各廄祭肉
皆盛於盤內桌前挨次擺列令上駟院大臣侍衛官員廄常廄
丁等進內食之食畢司俎太監等撤出皮骨皮油給上駟院骨
膽蹄甲並所掛淨紙司俎官送潔淨處化而投之於河隨將神
幔收捲其二香碟並
關帝神像前所供香碟一皆供於繪花紅漆抽屜桌之東邊其夕祭
神儀預將鑲紅片金青緞神幔繫於黑漆架上用黃色皮條穿大小
鈴七枚繫樺木桿梢懸於架梁之西其黑漆神座供於神幔之
東北炕上設紅漆大低桌二桌上供香碟五醴酒五琖打糕搓

條餑餑九盤炕沿下供醴酒一罇司俎太監等設桌如朝祭儀
屆時進豬置於常放之處司香點香司香婦人以司祝祝禱時
所坐黑漆杌置
神位前司俎太監以鼓連架近杌安置司祝繫閃緞裙束腰鈴執手
鼓進於
神位前司俎太監二人進西向立一太監擊鼓一太監鳴拍板司祝
先向
神位坐於杌上擊手鼓誦請神歌祈請擊鼓太監一手擊鼓一點以
和手鼓司祝拱立初次向後盤旋蹡步祝禱擊鼓太監雙手擊
鼓三點以和手鼓司祝復盤旋蹡步前進祝禱擊鼓太監雙手
擊鼓五點以和手鼓司祝拱立初次誦請神歌擊鼓五點拍板
三鳴以和之二次向後向前盤旋蹡步祝禱惟擊鼓七點司祝
拱立誦神歌以禱仍擊鼓五點拍板三鳴三次祝禱亦惟擊鼓

十一點司祝拱立三次誦神歌以禱鼓擊四點末以雙槌交擊
一次拍板仍三鳴以和之三次誦神歌禱畢司祝祝禱時惟擊
鼓四點三鼓而止退司祝以手鼓授司香婦人釋閃緞裙腰鈴
司香婦人鋪紅氈司香婦人復設司祝叩頭小低桌司祝禱祝
叩頭畢酒罇以淨袱羃之司香婦人斂氈三折之鋪於近炕沿
處置醴酒一椀空琖一於炕沿上司俎太監等舁豬入門置炕
沿下首北向司俎滿洲一人屈一膝跪按其豬司祝跪於炕沿
下三折紅氈上斜向東北從盛酒椀内挹酒注於琖中舉捧禱
祝司俎滿洲執豬耳司祝灌酒於豬耳内以琖置炕沿一叩頭
司俎滿洲執豬尾移轉豬首向南司俎太監等進前舁豬暫順
放於包錫大桌上司祝跪從盛酒椀内挹酒注於琖中舁第二
豬入門仍如前儀獻酒禱祝灌酒畢一叩頭興退置豬於包錫
大桌上二豬俱令首西向省之每桌前令司俎婦人二錫舉裏

木槽盆接血司香婦人撤去氈進紅漆長高桌設於北炕前以接血木槽盆列長高桌上撤去大低桌上所供之餻惟留一盤豬氣息後司俎等轉豬首順桌向南直放其去皮節解灌血腸煮肉以及撤出包錫大桌俱如朝祭儀惟膽與蹄甲於竈內化之俟肉熟時細切胙肉五椀每椀設筯一雙供於炕上二大低桌之上以二豬之肉分置二錫裏木槽盆內如朝祭儀供於

神位前長高桌司香點香取縛馬鬃尾青綢條三十對置於大低桌上司香婦人鋪紅氈司祝進跪祝叩頭合掌致敬司香婦人收氈以司祝所坐之杌置夕祭常放處又設小桌小腰鈴列於桌上神鈴置於桌之東撤出香碟內火並鐙掩竈內火展背鐙藍布幔蔽之衆俱退出闔戶擊鼓太監移鼓於幔前近處司祝坐於杌上初次誦神歌向神鈴祈請時擊鼓四點又雙槌交擊一次拍板三鳴以和之次司祝執鈴桿振鈴誦神歌以禱擊鼓五

點拍板三鳴以和之司祝置神鈴初次誦神歌向腰鈴祈請鼓擊四點又雙槌交擊一次拍板三鳴以和之司祝搖腰鈴誦神歌以禱鼓擊五點拍板三鳴以和腰鈴之聲禱畢鼓擊三點拍板一鳴而止捲起背證神幔開戶移入鐙火撤祭肉取縛馬鬃尾青綢條於香碟上薰禱授於上駟院侍衛等分給各廄祭肉皮油及餻分給上駟院人等收捲神幔夕祭香碟五供於繪花黑漆抽屜桌之南邊

正日爲乘所馬於祭馬神室中朝祭誦神歌禱祝辭

上天之子佛及菩薩大君先師三軍之帥關聖帝君某年生小子爲某人之馬祭則呼某人本生年今爲所乘馬敬祝者撫脊以起兮引鬣以興兮嘶風以奮兮噓霧以行兮食草以壯兮齧艾以騰兮溝穴其弗蹈兮盜賊其無攖兮神其貺我神其佑我

朝祭灌酒於豬耳禱辭

上天之子三軍之帥關聖帝君某年生小子爲某人之馬祭則呼某人本生年

今爲所乘馬敬獻粢盛嘉悅以享兮

朝祭供肉祝辭

上天之子三軍之帥關聖帝君某年生小子爲某人之馬祭則呼某人本生年

今爲所乘馬敬祝者撫脊以起兮引鬣以興兮嘶風以奮兮驌霧以行兮食草以壯兮齧艾以騰兮溝穴其弗蹈兮盜賊其無攖兮神其貺我神其佑我

夕祭坐於杌上誦神歌祈請辭

自天而降阿琿年錫之神與日分精年錫之神年錫惟靈安春阿雅喇穆哩穆哩哈納丹岱琿納爾琿軒初恩都哩僧固拜滿章京納丹威瑚哩恩都蒙鄂樂喀屯諾延某年生小子爲某人之馬祭則呼某人本生年

今爲所乘馬敬祝者撫脊以起兮引鬣以興兮嘶風以奮兮驌霧以行兮食草以壯兮齧艾以騰兮溝穴其弗蹈兮

盜賊其無攖兮神其貺我神其佑我

初次誦神歌禱辭

納丹岱琿納爾琿軒初某年生小子（爲某人之馬祭則呼某人本生年）今爲所乘馬敬祝者撫脊以起兮引鬣以興兮嘶風以奮兮噓霧以行兮食草以壯兮齧艾以騰兮溝穴其弗蹈兮盜賊其無攖兮神其貺我神其佑我

二次誦神歌禱辭

恩都哩僧固僧固恩都哩某年生小子（爲某人之馬祭則呼某人本生年）今爲所乘馬敬祝者撫脊以起兮引鬣以興兮嘶風以奮兮噓霧以行兮食草以壯兮齧艾以騰兮溝穴其弗蹈兮盜賊其無攖兮神其貺我神其佑我

末次誦神歌禱辭

拜滿章京納丹威瑚哩恩都蒙鄂樂喀屯諾延某年生小子（爲某

人之馬祭則呼某人本生年今爲所乘馬敬祝者撫脊以起兮引鬣以興兮嘶風以奮兮噓霧以行兮食草以壯兮齧艾以騰兮溝穴其弗蹈兮盜賊其無攖兮神其貺我神其佑我

誦神歌禱祝後跪祝辭

上天之子年錫之神安春阿雅喇穆哩穆哩哈納丹岱琿納爾琿軒初恩都哩僧固拜滿章京納丹威瑚哩恩都蒙鄂樂喀屯諾延某年生小子爲某人之馬祭則呼某人本生年今爲所乘馬敬祝者撫脊以起兮引鬣以興兮嘶風以奮兮噓霧以行兮食草以壯兮齧艾以騰兮溝穴其弗蹈兮盜賊其無攖兮神其貺我神其佑我

夕祭灌酒於豬耳禱辭

上天之子年錫之神安春阿雅喇穆哩穆哩哈納丹岱琿納爾琿軒初恩都哩僧固拜滿章京納丹威瑚哩恩都蒙鄂樂喀屯諾延某年生小子爲某人之馬祭則呼某人本生年今爲所乘馬敬獻粢盛嘉

悅以享兮

夕祭供肉祝辭

上天之子年錫之神安春阿雅喇穆哩穆哩哈納丹岱琿納爾琿軒初恩都哩僧固拜滿章京納丹威瑚哩恩都蒙鄂樂喀屯諸延某年生小子（爲某人之馬祭則呼某人本生年）今爲所乘馬敬祝者撫脊以起兮引鬣以興兮嘶風以奮兮嘘霧以行兮食草以壯兮齧艾以騰兮溝穴其弗蹈兮盜賊其無攖兮神其貺我神其佑我

背鐙祭初次向神鈴誦神歌祈請辭

哲伊哷呼哲納爾琿掩戶牖以迓神兮納爾琿息甑竈以迓神兮納爾琿肅將迎兮侑座以俟納爾琿祕以祀兮几筵具陳納爾琿納丹岱琿藹然降兮納爾琿卓爾歡鍾依惠然臨兮納爾琿感於神鈴兮來格納爾琿蒞於神鈴兮來歆納爾琿

二次搖神鈴誦神歌禱辭

納丹岱琿納爾琿軒初卓爾歡鍾依珠嚕珠克特亨某年生小子（爲某人之馬祭則呼某人本生年）今爲所乘馬敬祝者撫脊以起兮引鬣以興兮嘶風以奮兮嘯霧以行兮食草以壯兮齧艾以騰兮溝穴其弗蹈兮盜賊其無擾兮神其貺我神其佑我

三次向腰鈴誦神歌祈請辭

哲伊呼呼哲古伊雙寬列几筵兮以敬迓古伊雙寬潔粢盛兮以恭延古伊雙寬肅將迎兮盡敬古伊雙寬祕以祀兮申虔古伊雙寬乘羽葆兮陟於位古伊雙寬應鈴響兮降於壇古伊雙寬

四次搖腰鈴誦神歌禱辭

籲者惟神迓者斐孫犧牲既陳奔走臣鄰某年生小子（爲某人之馬祭則呼某人本生年）今爲所乘馬敬祝者撫脊以起兮引鬣以興兮嘶風以奮兮嘯霧以行兮食草以壯兮齧艾以騰兮溝穴其弗蹈兮

盜賊其無攖兮神其貺我神其佑我

次日祭馬神儀注

次日爲牧羣繁息於祭馬神室中祭朝祭

神預將鑲紅片金黄緞神幔用黄棉綫繩穿繫其上懸掛西山牆上

南北所釘之二鐵環以淨紙二張各四折鏤錢四掛於神幔兩

端舁供

佛之髹金小亭連座奉安於神幔前東向啟亭門大炕上設紅漆大

低桌二桌上供香碟三醴酒三琖打餻搓條餑餑九盤炕沿下

供醴酒一罇罇前鋪紅氈設獻酒長低桌桌上列黄磁大椀二

一盛醴酒一空設司俎太監等預進包錫紅漆大桌二設於中

間屋內鍋旁西向分爲兩行擺列屆時司香點香司俎太監司

俎等進豬二於

祭室門外之右首皆北向奏三絃琵琶之司俎太監二司俎官

司俎四首領太監一以次進三絃琵琶在前次五人排列均向
上盤膝坐奏三絃琵琶鳴拍板其後司俎滿洲等屈一膝跪拊
掌司祝進於獻酒桌前跪司香舉臺琖授司祝司祝接受獻酒
六次每一獻將所獻之酒注於空椀內復自盛醴酒椀內挹新
酒注於二琖中以獻每一獻司俎等歌鄂囉羅六次獻畢以臺
琖授於司香一叩頭興合掌致敬三絃琵琶拍板暫止司香及
司香婦人撤盛酒之二椀並獻酒之桌設司祝叩頭小低桌司
香舉神刀授司祝司祝執神刀進司俎等復奏三絃琵琶鳴拍
板拊掌司祝一叩頭興司俎等歌鄂囉羅司祝擎神刀禱祝三
次誦神歌一次擎神刀禱祝時司俎等復歌鄂囉羅誦神歌三
次如前儀如是九次畢司祝跪一叩頭興又禱祝三次以神刀
授於司香奏三絃琵琶鳴拍板人等起立避於旁司祝跪祝叩
頭興合掌致敬司香婦人撤

佛
菩薩前供酒二琖移亭座稍後闔其門二香碟擎出戶外供於
祭室簷下傍西山牆所設
亭內移神幔稍南
關帝神像前所供酒並香碟皆移正中酒罇以淨袱冪之奏三絃琵
琶鳴拍板人等進坐於原處司香婦人斂氈三折之鋪於近炕
原處司香舉臺琖授於司祝司俎太監等舁一豬入門置炕沿
下首西向司俎滿洲一人屈一膝跪按其豬司俎官及司俎首
領太監內監等奏三絃琵琶鳴拍板拊掌司祝跪於炕沿下三
折紅氈上斜向西南舉臺琖獻酒一次司俎等照前歌鄂囉羅
獻畢司祝致禱以二琖酒合注一琖中司俎滿洲執豬耳司祝
灌酒於豬耳內以臺琖授司香一叩頭三絃琵琶拍板暫止司
俎滿洲執豬尾移轉豬首向東司俎太監等進前舁豬暫順放

於包錫大桌上司香舉臺琖授司祝司祝接受臺琖舁第二豬
入門獻酒灌酒如前儀以包錫大桌上二豬俱令首西向橫放
省之每桌前令司俎婦人二舉錫裏木槽盆接血司香婦人撤
去氈進紅漆長高桌設於西炕前以接血木槽盆列高桌上撤
去所供餻酒豬氣息後司俎等轉豬首順桌向南直放去其皮
按節解開煮於大鍋內頭蹄及尾俱不去皮惟燎毛燖淨亦煮
於大鍋內以臟腑置於錫裏木槽盆舁出院內整理潔淨舁進
以盛皿木槽盆就地安置司俎滿洲一人進於高桌前屈一膝
跪灌血於腸亦煮鍋內司俎太監等置皮於盛皮木槽盆內撤
去包錫大桌二仍以膽與蹄甲貯紅漆小木碟內置於炕上所
設之大低桌北首邊上俟肉熟時細切胙肉一椀設筯一雙供
於大低桌正中以二豬之肉分置二錫裏木槽盆內前後腿分
設四角胸膛向前尾椿向後肋列兩旁合湊畢置豬首於上復

以臁貼連油整置於鼻柱上供於
神位前長高桌司香點香取拴馬鬃尾青綢條二百八十對置於大
低桌上司香婦人鋪紅氈一司香舉醴酒椀一司香舉空椀齊
進立又一司香舉臺琖授司祝司祝進跪獻酒三次是獻也凡
獻酒換琖注酒及司俎太監等奏三絃琵琶司俎等鳴拍板司
俎滿洲拊掌歌鄂囉羅三次俱如前儀三獻畢以臺琖授於司
香一叩頭興合掌致敬復跪祝叩頭興取桌上拴馬鬃尾綢條
於香碟上薰禱授司俎官司俎官授上駟院侍衛等分給各廄
祭肉皆盛於盤内於桌前挨次擺列令上駟院大臣侍衛官員
牧長廄丁等進内食之食畢司俎太監等撤出皮骨皮油給上
駟院骨䐊蹄甲並所掛淨紙司俎官送潔淨處化而投之於河
隨將神幔收捲其二香碟並
關帝神像前所供香碟一皆供於繪花紅漆抽屜桌之東邊其夕祭

神儀預將鑲紅片金青緞神幔繫於黑漆架上用黃色皮條穿大小
鈴七枚繫樺木桿梢懸於架梁之西其黑漆神座供於神幔之
東北炕上設紅漆大低桌二桌上供香碟五醴酒五琖打餻搓
條餑餑九盤炕沿下供醴酒一罇司俎太監等設桌如朝祭儀
屆時進豬置於常放之處司香點香司香婦人以司祝祝禱時
所坐黑漆杌置
神位前司俎太監以鼓連架近杌安置司祝繫閃緞裙束腰鈴執手
鼓進於
神位前司俎太監二人進西向立一太監擊鼓一太監鳴拍板司祝
先向
神位坐於杌上擊手鼓誦請神歌祈請擊鼓太監一手擊鼓一點以
和手鼓司祝拱立初次向後盤旋蹡步祝禱擊鼓太監雙手擊
鼓三點以和手鼓司祝復盤旋蹡步前進祝禱擊鼓太監雙手

擊鼓五點以和手鼓司祝拱立初次誦請神歌擊鼓五點拍板三鳴以和之二次向後向前盤旋蹡步祝禱惟擊鼓七點司祝拱立誦神歌以禱仍擊鼓五點拍板三鳴三次祝禱亦惟擊鼓十一點司祝拱立三次誦神歌以禱鼓擊四點末以雙槌交擊一次拍板仍三鳴以和之三次誦神歌禱畢司祝祝禱時惟擊鼓四點三鼓而止退司祝以手鼓授司香婦人釋閃緞裙腰鈴司香婦人鋪紅氈司香婦人復設司祝叩頭小低桌司祝禱祝叩頭畢酒罇以淨袱羃之司香婦人斂氈三折之鋪於近炕沿處置醴酒一椀空戔一於炕沿上司俎太監等舁豬入門置炕沿下首北向司俎滿洲一人屈一膝跪按其豬司祝跪於炕沿下三折紅氈上斜向東北從盛酒椀內挹酒注於戔中舉捧禱祝司俎滿洲執豬耳司祝灌酒於豬耳內以戔置炕沿一叩頭司俎滿洲執豬尾移轉豬首向南司俎太監等進前舁豬暫順

放於包錫大桌上司祝跪從盛酒椀內挹酒注於琖中舁第二
豬入門仍如前儀獻酒禱祝灌酒畢一叩頭興退置豬於包錫
大桌上二豬俱令首西向省之每桌前令司俎婦人二舉錫裏
木槽盆接血司香婦人撤去氈進紅漆長高桌設於北炕前以
接血木槽盆列長高桌上撤去大低桌上所供之餻惟留一盤
豬氣息後司俎等轉豬首順桌向南直放其去皮節解灌血腸
煑肉以及撤出包錫大桌俱如朝祭儀惟膽與蹄甲於竈內化
之俟肉熟時細切胙肉五椀每椀設筯一雙供於炕上二大低
桌之上以二豬之肉分置二錫裏木槽盆內如朝祭儀供於
神位前長高桌司香點香取拴馬鬃尾靑綢條三十對置於大低桌
上司香婦人鋪紅氈司祝進跪祝叩頭合掌致敬司香婦人收
氈以司祝所坐之杌置夕祭常放處又設小桌小腰鈴列於桌
上神鈴置於桌之東撤出香碟內火並鐙掩竈內火展背鐙藍

布幔蔽之衆俱退出闔戶擊鼓太監移鼓於幔前近處司祝坐於杌上初次誦神歌向神鈴祈請時擊鼓四點又雙槌交擊一次拍板三鳴以和之次司祝執鈴桿振鈴誦神歌以禱擊鼓五點拍板三鳴以和之司祝置神鈴初次誦神歌向腰鈴祈請鼓擊四點又雙槌交擊一次拍板三鳴以和之司祝搖腰鈴誦神歌以禱鼓擊五點拍板三鳴以和腰鈴之聲禱畢鼓擊三點拍板一鳴而止捲起背鐙神幔開戶移入鐙火撤祭肉取拴馬鬃尾青綢條於香碟上薰禱授於上駟院侍衛等分給各廄祭肉皮油及饍分給上駟院人等收捲神幔夕祭香碟五供於繪花黑漆抽屜桌之南邊

次日爲牧羣繁息於祭馬神室中朝祭誦神歌禱祝辭

上天之子佛及菩薩大君先師三軍之帥關聖帝君某年生小子（爲某人之馬祭則呼某人本生年）今爲牧羣繁息敬祝者撫脊以起兮引鬣

以興兮嘶風以奮兮嘘霧以行兮食草以壯兮齧艾以騰兮如萌芽之發育兮如根本之滋榮兮神其貺我神其佑我

朝祭灌酒於豬耳禱辭

上天之子三軍之帥關聖帝君某年生小子（爲某人之馬祭則呼某人本生年）今爲牧羣繁息敬獻粢盛嘉悅以享兮

朝祭供肉祝辭

上天之子三軍之帥關聖帝君某年生小子（爲某人之馬祭則呼某人本生年）今爲牧羣繁息敬祝者撫脊以起兮引鬣以興兮嘶風以奮兮嘘霧以行兮食草以壯兮齧艾以騰兮如萌芽之發育兮如根本之滋榮兮神其貺我神其佑我

夕祭坐於杌上誦神歌祈請辭

自天而降阿琿年錫之神與日分精年錫之神年錫惟靈安春阿雅喇穆哩穆哩哈納丹岱琿納爾琿軒初恩都哩僧固拜滿

章京納丹威瑚哩恩都蒙鄂樂喀屯諾延某年生小子爲某人之馬祭則呼某人本生年今爲牧羣繁息敬祝者撫脊以起兮引鬣以興兮嘶風以奮兮嘘霧以行兮食草以壯兮齧艾以騰兮如萌芽之發育兮如根本之滋榮兮神其貺我神其佑我

初次誦神歌禱辭

納丹岱琿納爾琿軒初某年生小子爲某人之馬祭則呼某人本生年今爲牧羣繁息敬祝者撫脊以起兮引鬣以興兮嘶風以奮兮嘘霧以行兮食草以壯兮齧艾以騰兮如萌芽之發育兮如根本之滋榮兮神其貺我神其佑我

二次誦神歌禱辭

恩都哩僧固僧固恩都哩某年生小子爲某人之馬祭則呼某人本生年今爲牧羣繁息敬祝者撫脊以起兮引鬣以興兮嘶風以奮兮嘘霧以行兮食草以壯兮齧艾以騰兮如萌芽之發育兮如根本之

滋榮兮神其貺我神其佑我

末次誦神歌禱辭

拜滿章京納丹威瑚哩恩都蒙鄂樂喀屯諾延某年生小子（為某人之馬祭則呼某人本生年）今為牧羣繁息敬祝者撫脊以起兮引鬣以興兮嘶風以奮兮嘘霧以行兮食草以壯兮齧艾以騰兮如萌芽之發育兮如根本之滋榮兮神其貺我神其佑我

誦神歌禱祝後跪祝辭

上天之子年錫之神安春阿雅喇穆哩穆哩哈納丹岱琿納爾琿軒初恩都哩僧固拜滿章京納丹威瑚哩恩都蒙鄂樂喀屯諾延某年生小子（為某人之馬祭則呼某人本生年）今為牧羣繁息敬祝者撫脊以起兮引鬣以興兮嘶風以奮兮嘘霧以行兮食草以壯兮齧艾以騰兮如萌芽之發育兮如根本之滋榮兮神其貺我神其佑我

夕祭灌酒於豬耳禱辭

上天之子年錫之神安春阿雅喇穆哩穆哩哈納丹岱琿納爾琿軒初恩都哩僧固拜滿章京納丹威瑚哩恩都蒙鄂樂喀屯諸延某年生小子（為某人之馬祭則呼某人本生年）今為牧羣繁息敬獻粢盛嘉悅以享兮

夕祭供肉祝辭

上天之子年錫之神安春阿雅喇穆哩穆哩哈納丹岱琿納爾琿軒初恩都哩僧固拜滿章京納丹威瑚哩恩都蒙鄂樂喀屯諸延某年生小子（為某人之馬祭則呼某人本生年）今為牧羣繁息敬祝者撫脊以起兮引鬣以興兮嘶風以奮兮噓霧以行兮食草以壯兮齧艾以騰兮如萌芽之發育兮如根本之滋榮兮神其貺我神其佑我

背鐙祭初次向神鈴誦神歌祈請辭

哲伊呼呼哲納爾琿掩戶牖以迓神兮納爾琿息甑竈以迓神兮納爾琿肅將迎兮侑座以俟納爾琿祕以祀兮几筵具陳納爾琿納丹岱琿藹然降兮納爾琿卓爾歡鍾依惠然臨兮納爾琿感於神鈴兮來格納爾琿莅於神鈴兮來歆納爾琿

二次搖神鈴誦神歌禱辭

納爾岱琿納爾琿軒初卓爾歡鍾依珠嚕珠克特亨某年生小子（為某人之馬祭則呼某人本生年）今為牧羣繁息敬祝者撫脊以起兮引鬣以興兮嘶風以奮兮噓霧以行兮食草以壯兮齧艾以騰兮如茁芽之發育兮如根本之滋榮兮神其貺我神其佑我

三次向腰鈴誦神歌祈請辭

哲伊呼呼哲古伊雙寬列几筵兮以敬迓古伊雙寬潔粢盛兮以恭延古伊雙寬肅將迎兮盡敬古伊雙寬祕以祀兮申虔古伊雙寬乘羽葆兮陟於位古伊雙寬應鈴響兮降於壇古伊雙

寬

四次搖腰鈴誦神歌禱辭

籲者惟神迓者斐孫犧牲既陳奔走臣鄰某年生小子為某人之馬祭則呼某人本生年今為牧羣繁息敬祝者撫脊以起兮引鬣以興兮嘶風以奮兮嘘霧以行兮食草以壯兮齧艾以騰兮如萌芽之發育兮如根本之滋榮兮神其貺我神其佑我

欽定滿洲祭神祭天典禮卷五

祭神祭天供獻器用數目

堂子陳設供器類

饗殿內鑲紅片金黄緞神幔一

銅香碟三

黄漆大低桌二

盛七里香鑲嵌螺鈿漆匣一

盛器皿黑漆豎櫃一

掛拍板紅漆木架二

黄紗矗鐙四

紅紙矗鐙三十二

亭式殿內供楠木高案一

銅香鑪一

案下設掛紙錢杉木柱一
黄紗矗鐙四
亭式殿前中間設立神杆石一
兩邊設王貝勒貝子入八分公等立神杆石各一
尚錫神亭内供楠木高案一
銅香鑪一
案下設掛淨紙杉木柱一
祭神所用器皿類
饗殿内獻酒楠木低桌一
盛酒大藍花磁椀二
盛酒紅花磁缸二
浴
佛黄磁大浴池一

盛酒大黃磁椀二
鐵神刀一
三絃一連黃三稜布套
琵琶一連黃三稜布套
花梨木拍板十
亭式殿內獻酒楠木低桌一
盛酒大藍花磁椀二
盛酒暗龍豆綠磁缸二
尚錫神亭內盛酒大藍花磁椀一
饗殿內鋪地涼席八方
鋪甬路涼席十六方
黃緞拜褥二
盛拜硃漆箱一

甬路中路鋪樱毯十八方

供獻物品類

每月初一日

堂子供餻酒俱照

坤寧宮所供餻酒供獻外

四月初八日浴

佛供椵葉餑餑醴酒

祭馬神正日供打餻醴酒

春秋二季立杆大祭索繩上掛黄綠白三色高麗紙錢各二十

七張

亭式殿内掛黄綠白三色高麗紙錢各二十七張

掛紙錢用三色棉線各五錢

正月初三日每月初一日四月初八日每逢祭馬神正日

亭式殿內掛紙錢各二十七張

掛紙錢用三色棉線各五錢

每月初一日

尚錫神亭內掛淨紙各二十七張不鏤錢文用整高麗紙

必用之項

正月初一日

亭式殿內點鐙用五兩重黃蠟燭三枝

春秋二季大祭用索繩各三條

索繩上夾九色綢條每色各九尺

楠木神杆木頂各一分

松木神杆各一

神杆上懸長二丈柒黃色高麗布神旛各一

捻索繩棉線三觔八兩

春秋二季染索繩紙錢高麗布神旛用紫花各五觔
槐子各五觔
礬各一觔
五兩重黄蠟燭各七枝
浴
佛用紅蜜八兩
棉八兩
五兩重黄蠟燭七枝
十二月二十六日恭請
神位供於
堂子正月初二日由
堂子請
神位進

宮點鐙籠用五兩重黃蠟燭各四枝

坤寧宮陳設供器類

供朝祭

神繪花紅漆抽屜桌

供

佛髹金小亭一

座一

鋪黃靑紅三色蟒褥三

髹金小亭一連座

鋪黃靑紅三色蟒褥三

恭貯

菩薩像黃漆木筒一

恭貯

關帝神像紅漆木筒一
神位前遮蔽黃綢袱一方
包裹
佛亭
菩薩像
關帝神像木筒黃緞袱四方
請
神位用大高麗紙四張
雕龍頭髹金紅漆三角架一對
鑲紅片金黃緞神幔一
穿繫神幔黃棉線繩一
盛索繩高麗布囊一
繫練麻神箭一枝連黃綢套

供夕祭

神繪花黑漆抽屜桌一

恭貯

神位紅漆匣一

黑漆架一

鑲紅片金青緞神幔一

繫神幔黃棉線繩一條

供

蒙古神有靠黑漆座一連紅片金褥

黑貂褥一不鋪設置於匣內

包裹夕祭

神位黃紡綫袱四方

大小鈴七枚穿黃色皮條連樺木桿

小鐵腰鈴一分
背鐙青表裏夾綢幞二連黃絲繩鐵環
置放腰鈴有䩠黑漆小杌一
盛銀器花梨木雕龍大櫃二
小櫃十二
朝祭夕祭鏤花鍍金銀香碟八
西楹設供

佛
菩薩大亭一連黃片金褥
楠木祭天神杆一連楠木圓斗
立神杆楠木倚柱一
立神杆石一
樹柳枝石一

盛七里香鑲嵌螺鈿漆匣

祭神所用器皿類

佛餻酒紅漆大低桌四

供肉紅漆長高桌一

獻酒紅漆長低桌一

司祝叩頭紅漆小低桌一

省豬包錫紅漆大高桌二

供肉銀裏楠木大槽盆二

盛血銀裏楠木小槽盆二

獻神攤列緞疋紅漆低桌一

獻神盛金銀錠繪畫金龍紅漆木碟一

三絃一連黃三梭布套

琵琶一連黃三梭布套

繫三絃琵琶套絛各一條

花梨木拍板十一

鐵神刀一

�香銀筯一雙

司祝祝禱時所坐黑漆杌一

點香銀瓦壠一

點香銀匙一

司祝所繫大腰鈴一分

閃緞裙一

鐵箍鼓一連紅漆架鼓槌

手鼓一連包獺皮鼓槌

備用手鼓一連槌

包裹手鼓與裙藍三梭布袱一方

供餻銀盤十一
獻酒銀臺二
供酒銀琖十一
供獻果品銀碟二十
盛酒銀壺一
供胙肉銀椀五
烏木筯五雙
灌血腸銀溜子一
盛餻中等銀盤十三
盛淨水磁缸二連架蓋
打餻石一
打餻木榔頭十
分肉銅盤六十一

灌血腸銅勺一

添湯銅海一

挹水紅銅勺一

盛蜜紅銅壺一

盛清酒藍花磁罇一

煮肉接口廣鍋二

包錫蓋二

蒸餻廣鍋一

盛胙肉錫鈷子二

遮蔽神幔黄粗布袱二

遮蔽炕沿裏柱子黄三梭布袱四

遮蔽整理腸臟木槽盆白粗布袱二

遮蔽盛麵有柄木槽盆三梭布袱九

遮蔽盛搓條餑餑方盤三稜布袱十五
遮蔽盛肉大盤白三稜布袱六
遮蔽盛餻方盤三稜布袱三
遮蔽設祭肉大桌黃粗布袱一
遮蔽整理腸臟熱水三稜布袱六
鋪地油厚高麗紙三張
遮蔽盛肉木槽盆油三稜布袱二
鋪地油三稜布袱一
遮蔽餻油紡絲袱八
遮蔽肉湯油三稜布袱三
擡酒罇黃漆架二
紅漆竹槓九
洗米盛麪擡肉大小有柄木槽盆八

盛搓條餑餑方盤二十
大小木槽盆二十
遮蔽隔扇黃粗布袱二
包淨紙索繩黃三梭布袱四
遮蔽盛餻食盒畫龍黃三梭布袱二
灑酒與湯高麗布小方七十二塊
挹湯亮鐵勺二
挹水鐵勺四
整理腸臟錫裏杉木槽盆四
盛酒藍花磁罇四
盛餻黃漆食盒五
叩頭所鋪黃花紅氈二方
黃緞圍頂八人轝二

鋪輿黃紅蟒褥二

黃鈴氈帽黃緞駕衣帶四十八分

黃緞衣帶四分

引杖四對連黃綢套

遮蓋紅氈紅漆架一

備用架一

紅氈一方

遮蔽供小肉稗米飯銀椀錫蓋四

銀匙二

銀三鑲烏木筯二雙

祭天紅漆高桌一

切肉絲花梨木方盤桌一

紅漆大方盤二

切肉絲案板十

煮祭天肉紅銅鍋一連紅銅蓋

大銅海一

擡銅海鈎四連繩

擡鍋鈎四連木柄

遮蔽雨雪油紙大繖二

鐵鐙二

祭天遮蔽桌張白三梭布袱二

遮蔽方盤白三梭布袱三

遮蔽祭天肉腸臟白三梭布袱四

求福紅漆大高桌一

大藍花磁椀二

黄磁琖九

揩抹地白粗布三十方

抹布一丈六尺

供獻物品類

正月初三日供饊子

三月九月初一日供打餻搓條餑餑

四月初八日五月初一日供椴葉餑餑

六月初一日供蘇葉餑餑

七月初一日供淋漿餻

八月初一日供煠餃子

常日俱供灑餻

求福供打餻煠餻豆擦餻水餻子鯉魚稗米飯醴酒

三月初一日九月初一日供淸酒

每月初一日供醴酒

常日供淨水

正月初三日每月初一日供時鮮果品

祭天供稗米飯並灑米

立杆大祭次日祭天並祭馬神俱用大豬外

每日祭神每月祭天用中等豬

每日祭神神幔上掛連四淨紙二張

供七里香八碟

每次祭天於神杆上夾淨紙一張

造做類

正月供饊子以紅白稷米各磨麪搓爲細條繞挽做成以蘇油

煠熟盛於盤內供獻

三月春季立杆大祭供打餻搓條餑餑以稷米蒸飯置於石用

木榔頭打爛又以炒黄豆磨麪攙合拉成長條另於莜麥麪內

攙以稷米麪攪合搓微長條繞挽煠以蘇油與打餻相間層纍
擺列朝祭則纍以九層餻之上以做搓條餑餑之麪做成鹿與
松塔列於其上盛於盤內供獻夕祭則纍以五層以炒豆麪各
一撮置於其上盛於盤內供獻
五月供椵葉餑餑以稷米爲麪以小豆爲餡用椵葉包裹蒸之
盛於盤內供獻
六月供蘇葉餑餑以稷米爲麪以小豆爲餡用蘇葉包裹蒸之
盛於盤內供獻
七月供淋漿餻以蒸稷米爲麪入水攪勻盛於布袋內用布袱
鋪於蒸籠箄置於其上澄汁下鋪鈴鐺麥外以氈裹蒸熟方切
四角分爲十分盛於盤內供獻
八月供餃子以稷米蒸飯置於石上以木榔頭打之以小豆爲
餡形式微長用蘇油煠熟盛於盤內供獻

九月秋季立杆大祭供打餻搓條餑餑一切造做悉如三月儀

惟不用炒豆麪仍以蘇油合做餻上置小豆各一撮

常月俱供灑餻以稷米麪層層撒於蒸籠之上下鋪小豆上灑

小豆蒸熟方切四角分爲十分盛於盤內供獻又名蒸餻

四月初八日供椴葉餑餑成造如五月椴葉餑餑法求福供打

餻仍以木榔頭打做攙入炒豆麪層纍擺列水餢子亦如打餻

法豆擦餻則以稷米爲麪做爲水餢子黏以小豆蒸之煠餻亦

用稷米爲麪做爲水餢子以蘇油煠之椀內所盛之水餢子則

以稷米爲麪做爲小水餢子煠熟以水研小豆爲末拌以供獻

每歲春秋二季立杆大祭釀所用清酒於四十日前在

坤寧宮內西炕前安置釀清酒有臍眼缸之架下放錫接盤接

盤下放木板一塊接盤上設缸先將稷米淘洗不留些微渣滓

純如淨水後蒸爲飯晾涼入於缸內另將麴研爲細末以玉泉

水沸湯攪勻俟稍溫盛於籠屜上所淋麴水亦傾入缸內以拐
木攪勻缸之上以有隔眼紅銅絲蓋蓋之其上以布袱遮蔽之
若遇天寒以氈遮蔽之自釀酒之日起以神刀壓置缸上十日
後仍如前法添入涼稷米飯麪水用拐木攪勻以布袱遮蔽之
又過十日不入麴水以蒸稷米熱飯入於缸內仍用拐木攪勻
以布袱遮蔽之得酒後以玉泉水滿貯於缸仍用長拐木攪勻
次日榨之榨酒將畢稍流酒根復添入玉泉水攪勻二次榨之
榨畢出糟粕於缸付之神廚另將稗米磨爲細末攙入糟粕內
蒸之各爲塊或褁以穀草或褁以稻草遮以氈塊俟發二十一
日成麴後穿其中爲眼以繩貫之掛於竈前每日燒柴百觔燻
麴以得其色每月祭神所用醴酒於神廚內釀之預於三日前
蒸稷米爲飯攪以麴水即貯於罇內亦以小拐木攪勻以布袱
遮蔽之若遇冬令置於煖處

成造所用器皿類

蒸稷米飯整木刳做接口籠屜二

蒸餻托蒸箅子椴木撑六

蒸稷米飯添水溜子二

遮蔽籠屜白布套三

遮蔽汲泉水桶黄三梭布袱三

遮蔽盛水淨桶白粗布袱十二

遮蔽稷米麪白三梭布袱二

鋪籠屜白三梭布袱十二

盛稷米白粗布夾袋二十

做淋漿餻擠水高麗布夾袋四

做淋漿餻遮蔽籠屜蓋油三梭布袱一

做淋漿餻遮蔽籠屜白氈一

遮蔽做淋漿餻之麪白硬紗袱三

紗篩籮底十二

遮蔽淋漿餻高麗布袱六

遮蔽酒麪黑氈一

盛稷米缸九

收貯器皿黑漆豎櫃二

盛淨水紅漆杉木桶二十

鐵箍杉木水桶二連扁擔

盛肉絲鐵漏勺一

蒸餻鐵鏇二

燎頭蹄鐵叉五

鈎肉鐵鉤四

遮蔽竈內火鐵門三分

盛骨用包豬皮安鐵箍柱筒二

釀淸酒有臍眼大缸一連架

遮蔽缸有隔眼紅銅絲蓋一

安放酒缸松木板一

接釀酒缸錫接盤一

做蒸籠用秫秸六十束

做蒸籠用線麻半觔

做遮麴水箍用稻草八十捆

盛肉鐵漏笊籬四

烙鐵一

烙鐵板二

蒻子五

碓房內安設碾子二

拐磨子一
木碓一分
金斗一
板斗一
磨一
椀一
汲泉水桶十二
整理肉松木桌二
蒸餻用椴木鐥二
做搓條餑餑松木低桌二十
盛綢條棉線紅漆盒四
盛麪大簸籮四
柳斗四

大小柳條筐七

簸箕八

瓢四

打餻石一

大小柳罐八連繩

笤箒六

蒸稷米飯廣鍋二

炒豆廣鍋二

必用之項

正月初三日供饊子祭祀做饊子用白稷米四金斗

紅稷米四金斗

釀醴酒用稷米一金斗五升

取煠饊子油蘇子七金斗

煮肉蒸餻釀醴酒用柴一千三百觔
煮肉盛盤整理腸臟用鹽五觔
時鮮果品十八碟
中等豬四
二月初一日供灑餻祭祀做灑餻用紅稷米四金斗
釀醴酒用稷米一金斗五升
白豇豆一板斗二升
煮肉蒸餻釀醴酒用柴一千三百觔
煮肉盛盤整理腸臟用白鹽五觔
時鮮果品十八碟
中等豬四
三月初一日供打餻大祭做打餻用紅稷米金斗四石
釀淸酒用稷米金斗一石

做搓條餑餑用稷米金斗一石六斗
莜麥金斗二石
取爍搓條餑餑油蘇子金斗二石
黄豆四金斗
造麴用稗子米金斗一石
煮肉蒸餻釀清酒炒豆爍搓條餑餑用柴五千觔
煮肉盛盤整理腸臟用白鹽五觔
蒸稷米飯用五兩重黄蠟燭九枝
一兩五錢重黄蠟燭八枝
黄土二十筐
時鮮果品十八碟
大豬五
四月初一日供灑餻祭祀做灑餻用紅稷米四金斗

釀醴酒用稷米一金斗五升

白豇豆一板斗二升

煮肉蒸餻釀醴酒用柴一千二百觔

煮肉盛盤整理腸臟用白鹽五觔

時鮮果品十八碟

中等豬四

五月初一日供椴葉餑餑祭祀做椴葉餑餑用紅稷米四金斗

釀醴酒用稷米一金斗五升

白豇豆一板斗二升

椴葉一萬片

蘇油十觔

煮肉蒸餻釀醴酒用柴一千二百觔

煮肉盛盤整理腸臟用白鹽五觔

時鮮果品十八碟

中等豬四

六月初一日供蘇葉餑餑祭祀做蘇葉餑餑用紅稷米四金斗

釀醴酒用稷米一金斗

白豇豆一板斗二升

蘇葉一萬片

蘇油一觔

煮肉蒸饍釀醴酒用柴一千二百觔

煮肉盛盤整理腸臟用白鹽五觔

時鮮果品十八碟

中等豬四

七月初一日供淋漿饍祭祀做淋漿饍用糜子米七金斗

鈴鐺麥五金斗

釀醴酒用稷米一金斗五升

煮肉蒸淋漿饈釀醴酒用柴一千四百觔

煮肉盛盤整理腸臟用白鹽五觔

時鮮果品十八碟

中等豬四

八月初一日供煠餃子祭祀做煠餃子用紅稷米八金斗

釀醴酒用稷米一金斗五升

白豇豆一板斗二升

取煠餃子油用蘇子八金斗

煮肉煠餃子釀醴酒用柴一千四百觔

煮肉盛盤整理腸臟用白鹽五觔

時鮮果品十八碟

中等豬四

九月初一日供打餻大祭做打餻用紅稷米金斗四石
釀清酒用稷米金斗一石
做搓條餑餑用稷米金斗一石六斗
莜麥金斗一石
取㸍搓條餑餑油用蘇子金斗一石
小豆四金斗
造麴用稗米金斗一石
煮肉蒸餻釀清酒㸍搓條餑餑用柴五千觔
煮肉盛盤整理腸臟用白鹽五觔
蒸稷米飯用五兩重黃蠟燭九枝
一兩五錢重黃蠟燭八枝
黃土二十筐
時鮮果品十八碟

大豬五
十月初一日供灑餻祭祀做灑餻用紅稷米四金斗
釀醴酒用稷米一金斗五升
白豇豆一板斗二升
煮肉蒸餻釀醴酒用柴一千二百觔
煮肉盛盤整理腸臟用白鹽五觔
時鮮果品十八碟
中等豬四
十一月初一日供灑餻祭祀做灑餻用紅稷米四金斗
釀醴酒用稷米一金斗五升
白豇豆一板斗二升
煮肉蒸餻釀醴酒用柴一千二百觔
煮肉盛盤整理腸臟用白鹽五觔

時鮮果品十八碟

中等豬四

十二月初一日供灑餻祭祀做灑餻用紅稷米四金斗

釀醴酒用稷米一金斗五升

白豇豆一板斗二升

煮肉蒸餻釀醴酒用柴一千二百觔

煑肉盛盤整理腸臟用白鹽五觔

時鮮果品十八碟

中等豬四

祭天用豬一

稗米板斗一升

白鹽五觔

煑肉與飯用柴三百五十觔

整白連四淨紙一張
求福祭祀做餻用紅稷米七金斗
取油用蘇子六金斗
黃豆一板斗
白小豆一板斗
稗米板斗一升
小米板斗五升
一觔八兩重鯉二尾
練麻四兩
高醬八兩
做索繩用黃綠二色棉線一觔八兩
索繩上所夾綢條用九色綢每色各三尺
做囊用高麗布一丈二尺

包裹柳枝用黄粗布袱二各長一丈寬五幅
柳樹一株
做餻釀酒煠餻煉油蒸魚煑稗米飯蒸豇豆餅子炒豆洗器皿
用柴一千五百觔
四月初八日浴
佛祭祀做椴葉餑餑用紅稷米四金斗
白豇豆一板斗二升
釀醴酒用稷米一金斗五升
蘇油十觔
椴葉一千片
蒸餻釀酒用柴二百觔
常日做所供灑餻用紅稷米四金斗
小米一升二合

白豇豆一板斗
黃豆六合
煮肉蒸糕用柴一千一百觔
煮肉盛盤整理腸臟用白鹽五觔
中等豬四
祭馬神室內陳設供器類
紅漆繪花抽屜桌一
供
佛小亭一連座
鋪黃青紅三色蟒褥三
鑲紅片金黃緞神幔一
繫神幔黃棉線繩一條
廊下西首安設紅漆大亭一

供夕祭

神黑漆繪花抽屜桌一

黑漆架一

鑲紅片金青緞神幔一

繫神幔黄棉線繩一條

供

蒙古神有靠黑漆座一連紅片金褥

大小鈴七枚穿黄色皮條連樺木桿

小鐵腰鈴一分

背鐙藍布幞二

安放腰鈴有靠黑漆小杌一

銅香碟八

祭祀所用器皿類

供饍紅漆大低桌四
供肉紅漆長高桌一
獻酒紅漆長低桌一
司祝叩頭紅漆小低桌一
省豬紅漆包錫高桌二
供肉錫裏大木槽盆二
接血錫裏小木槽盆二
三絃一連黃三梭布套
琵琶一連黃三梭布套
拍板五
鐵神刀一
司祝祝禱時所坐黑漆杌
點香銅瓦壠一

銅匙一

銅筯一雙

司祝所繫大腰鈴一分

閃緞裙一

鐵箍鼓一連紅漆架鼓槌

手鼓一連包獺皮鼓槌

供餻大藍花磁盤九

供酒藍花磁琖五

供肉藍花磁椀五

烏木筯五雙

盛肉銅盤五十

盛水缸二

打餻石一

賁肉大鍋一
蒸餻大鍋一
案板四
司祝叩頭紅氈一方
供獻物品類
打餻各九盤
醴酒各二罇
大豬各四
七里香各八碟
神幔懸掛鏤錢文連四淨紙各二張
縛馬鬃尾三色綢條各一千七百六十對
必用之項
蒸稷米飯紅稷米金斗一石五斗

釀醴酒用稷米二金斗
做搓條餑餑用稷米七金斗
莜麥八金斗
黃豆一金斗
取煠搓條餑餑油用蘇子金斗一石
煑肉蒸稷米飯煠搓條餑餑炒豆釀醴酒用柴三千二百觔
一兩五錢重黃蠟燭十枝
煑肉整理腸臟用白鹽十觔
蒸稷米飯用黃土十二筐

欽定滿洲祭神祭天典禮卷五

滿洲祭神祭天典禮勘誤表

卷	頁	行	字	誤	正
職名	一	一五	五	加	功
職名	二	八	一	庫	廣
一	九	二	一八	以	已
一	九	一〇	六	淮	准
一	一〇	一八	九	首	面
一	一〇	一八	二六	俎	祝
一	一九	一六	一七		牆下脫繒字
一	二三	一	二	亨	享
一	二四	一三	六	頭	頸
二	一	一八	五	前	上
二	五	五	一〇	後	復

二	五	一○	一四	以	衍文
二	一○	九	七		領下脫由字
二	一一	一八	二二	供	獻
二	一四	八	一○	軍	君
三	二	一三	一六	共	恭
三	四	五	五	前	衍文
三	七	八	一三		某下脫年字
三	一二	二一	一五	授	受
三	一六	二六	六	南	兩
三	二一	一八	一○	軍	君
三	二四	四	八	靈	鈴
四	一一	一九	二三	常	長
四	一二	二六	二三	錫	在第二十三字舉下

四	一三	二二	四	乘	在第五字所下
四	一六	一七	二五		牆下脫梁字
四	一七	二〇	一	原	沿
奏摺	三	一〇	七		林下脫院字
五	二	一三	二		拜下脫褥字
五	二	一四	四	路	間
五	四	四	八		桌下脫一字
五	六	一	一〇		匣下脫一字
五	六	三	一	佛	供
五	八	一九	一	灑	漉
五	一〇	一七	一七	外	衍文
五	一二	四	一二	麪	麴

欽定滿洲祭神祭天典禮卷六

祭神祭天供獻陳設器用形式圖

目次

立杆大祭浴佛祭祀所用鑲紅片金黃緞神幔高六尺三寸寬七尺 六上

饗殿内點香銅香碟長五寸三分寬三寸五分高五寸 六下

祭神供香碟餻黄漆大低桌長三尺四寸寬二尺五寸高一尺二寸 七上

安放供金佛亭紅漆座方一尺四寸高一尺八寸 七下

饗殿内陳設黄沙矗鐙高六尺一寸 八上

盛七里香黄漆匣長一尺二寸寬七寸高七寸 八下

朝祭司祝祝禱所用神刀長二尺三寸六分寬二寸一分 九上

祭堂子司祝獻酒持神刀誦神歌祝禱所鳴拍板長一尺一寸五分寬二寸 九下

祭堂子司祝獻酒持神刀誦神歌祝禱所奏三絃長三尺四寸 十上

祭堂子司祝獻酒持神刀誦神歌祝禱所奏琵琶長三尺四寸 十下

供酒銀琖口徑三寸高二寸 十一上

供餻銀盤口徑一尺一寸三分高二寸 十一下

盛酒大藍花磁盌 口徑一尺二寸高五寸 十二上

盛酒紅花磁缸 口徑一尺二寸高八寸 十二下

盛器皿黑漆立櫃 高五尺九寸寬四尺六寸橫二尺五寸 十三上

盛拜褥紅漆箱 長七尺寬四尺高二尺六寸五分 十三下

掛拍板紅漆木架 高八尺寬八寸 十四上

立杆大祭日立神杆之石 高三尺八寸方三尺 十四下

獻酒楠木低桌 長二尺八寸寬一尺七寸高一尺一寸 十五上

亭式殿內供香鑪餻酒楠木高桌 長二尺六寸寬一尺六寸五分高三尺八寸 十五下

亭式殿內點香銅香鑪 長九寸寬七寸高九寸五分 十六上

甬路上擺列紅紙矗鐙 高六尺一寸 十六下

亭式殿內供酒銀琖 口徑三寸高二寸 十七上

亭式殿內供餻銀盤 口徑一尺一寸三分高二寸 十七下

盛酒暗龍豆綠磁缸 口徑一尺二寸高八寸三分 十八上

司祝背鐙時所用樺木桿上黃皮條拴大小鈴七枚 長三尺六寸圍徑七分

二十九上

司祝背鐙時所用小鐵腰鈴 長五寸五分寬二寸

二十九下

背鐙時遮蔽鐙火青表白裏夾綢幪連黃絲繩鐵環 高一丈九尺寬一丈二尺六寸

三十

安放神鈴腰鈴連靠黑漆小杌 長二尺五寸寬九寸五分高一尺八寸

三十一上

點香鏤花鍍金銀香碟 長七寸寬四寸二分高四寸

三十一下

坤寧宮西楹供佛菩薩大亭 亭連座共高一丈三尺三寸寬六尺九寸深六尺四寸

三十二上

楠木神杆連楠木圓斗立神杆楠木夾柱立神杆之石 神杆長一丈三尺斗圓徑七寸高六寸柱長五尺方五寸

三十二下

求福所用樹柳枝之石 高一尺四寸七分方一尺六寸一分

三十三上

盛七里香鑲嵌螺鈿漆匣 長一尺寬六寸五分高六寸一分

三十三下

點七里香末銀瓦壠長九寸五分寬五分　四十上

點香銀匙長八寸寬二寸一分　四十下

點香銀筯長八寸　四十一上

夕祭司祝所繫大腰鈴長三尺六寸寬一尺六寸高八寸　四十一下

夕祭司祝所繫閃緞裙上寬四尺下寬八尺二寸長三尺二寸　四十二上

夕祭背鐙所用鐵箍鼓連紅漆架鼓槌架高三尺七寸分三角每角寬一尺三寸鼓圓徑一尺七寸五分高四寸五分鼓槌長一尺一寸圍徑五分　四十二下

夕祭背鐙所用手鼓連包獭皮鼓槌手鼓圓徑一尺六寸鼓槌長一尺二寸　四十三上

供饍銀盤口徑一尺一寸三分高二寸　四十三下

獻酒銀臺長一尺一寸寬七寸五分高一寸二分　四十四上

獻酒銀琖口徑三寸高二寸　四十四下

供果銀碟口徑五寸高一寸　四十五上

供胙肉銀盌口徑六寸三分高二寸五分　四十五下

整理猪首錫裏杉木大木槽盆 長三尺一寸五分寬一尺八寸高七寸 五十一下

整理腸臟錫裏杉木小槽盆 長二尺二寸五分寬一尺五寸高七寸 五十二上

祭天所用遮蓋紅氈紅漆架 高三尺七寸寬四尺八寸 五十二下

祭神供稗米飯銀匙 長七寸二分寬一寸三分 五十三上

祭天供肉飯紅漆高案 長三尺五寸寬二尺五寸高二尺六寸 五十三下

切肉絲紅漆木方盤 長二尺五寸寬一尺五寸高五寸 五十四上

切肉絲花梨木方盤桌 長二尺九寸寬一尺八寸高五寸 五十四下

祭天切肉絲椴木案板 長一尺寬五寸厚二寸 五十五上

祭天所用紅銅蓋 蓋圓徑二尺五分（上圖）紅銅鍋 鍋口徑二尺高六寸五分（中圖）

大紅銅海 銅海高一尺七寸五分圓徑一尺六寸五分（下圖） 五十五下

獻神盛金銀錠金龍紅漆碟 口徑五寸四分高一寸 五十六上

獻神擺列緞疋紅漆長低桌 長三尺四寸寬二尺五寸高一尺二寸 五十六下

求福盛魚藍花磁盌 口徑五寸五分高三寸七分 五十七上

求福供酒黃磁琖口徑三寸五分高二寸　五十七下
立桿大祭安放酒罇黃漆架高一尺三寸五分方一尺一寸七分　五十八上
盛餻黃漆食盒高二尺二寸五分寬二尺四寸四分橫一尺五寸三分　五十八下
盛清酒小黃磁罇高八寸一分中圍徑一尺八寸底圍徑三寸六分　五十九上
盛清酒大藍花磁罇高一尺一寸七分中圍徑二尺八寸八分底圍徑五寸四分　五十九下
有隔眼紅銅絲蓋口徑二尺七分高四寸五分　上圖
大祭造所供清酒有臍眼缸連架缸口徑二尺五分高三尺一寸架方三尺三寸高四尺八寸
下圖　六十上
朝祭盛膽蹄甲紅漆木碟口徑八寸高九分　六十下
祭馬神房簷下安放紅漆亭一連座凡王公等家所供皆照此亭
之式亭連座共高八尺六寸方二尺七寸　六十一上
各姓滿洲於朝祭夕祭設抽屜桌處房簷下安神亭處俱供神板
長二尺九寸寬一尺一寸厚一寸　六十一下

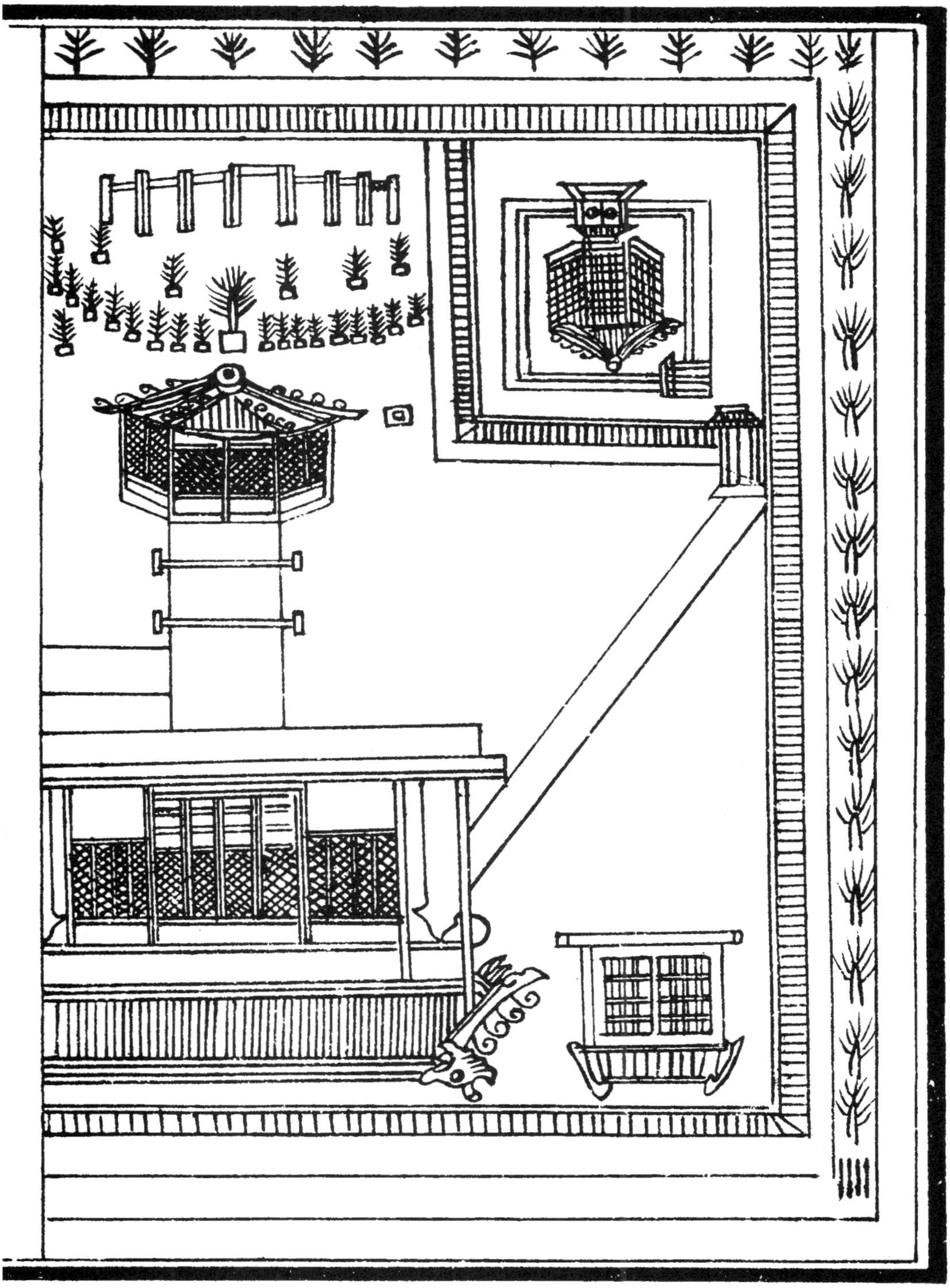

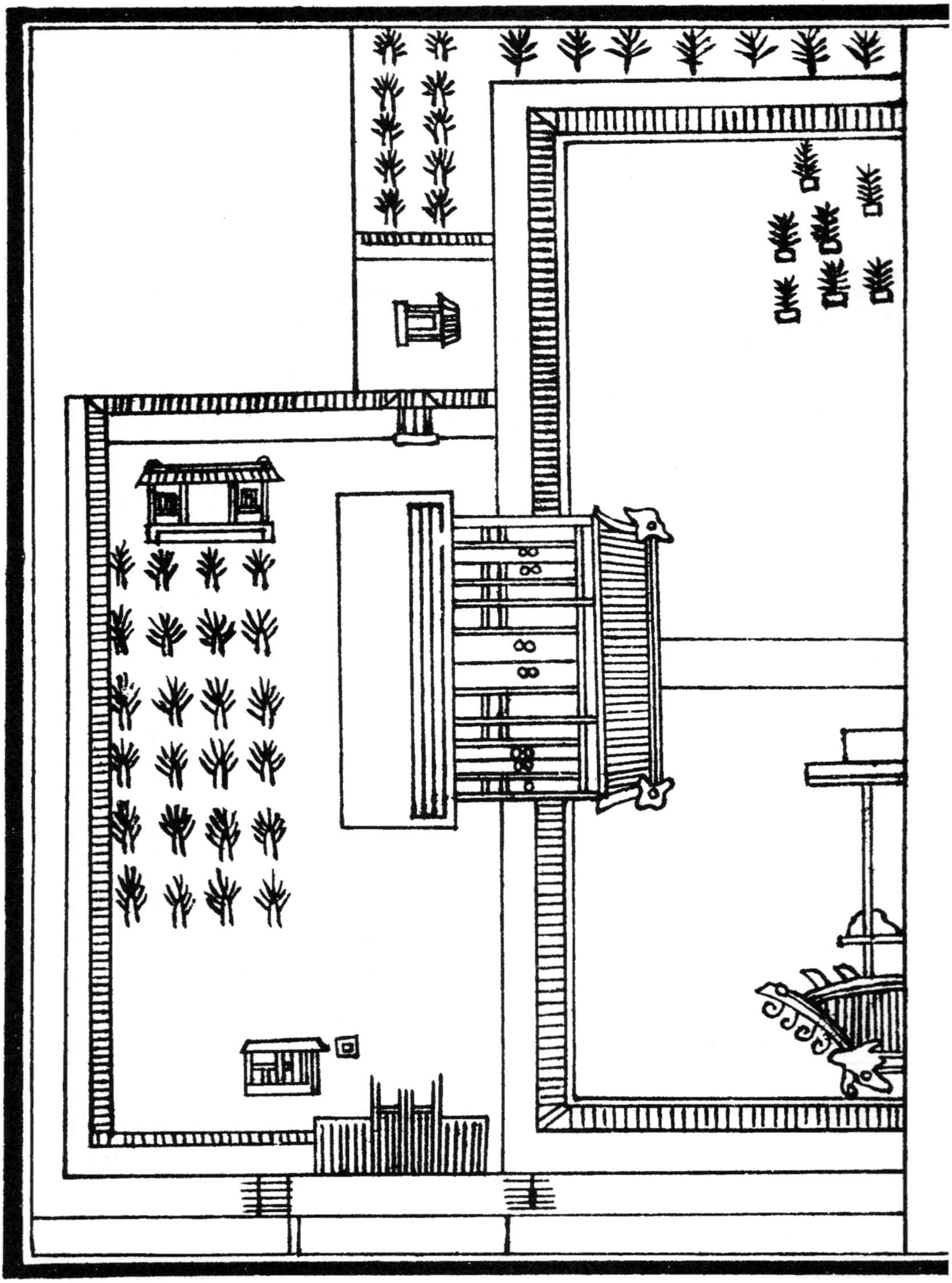

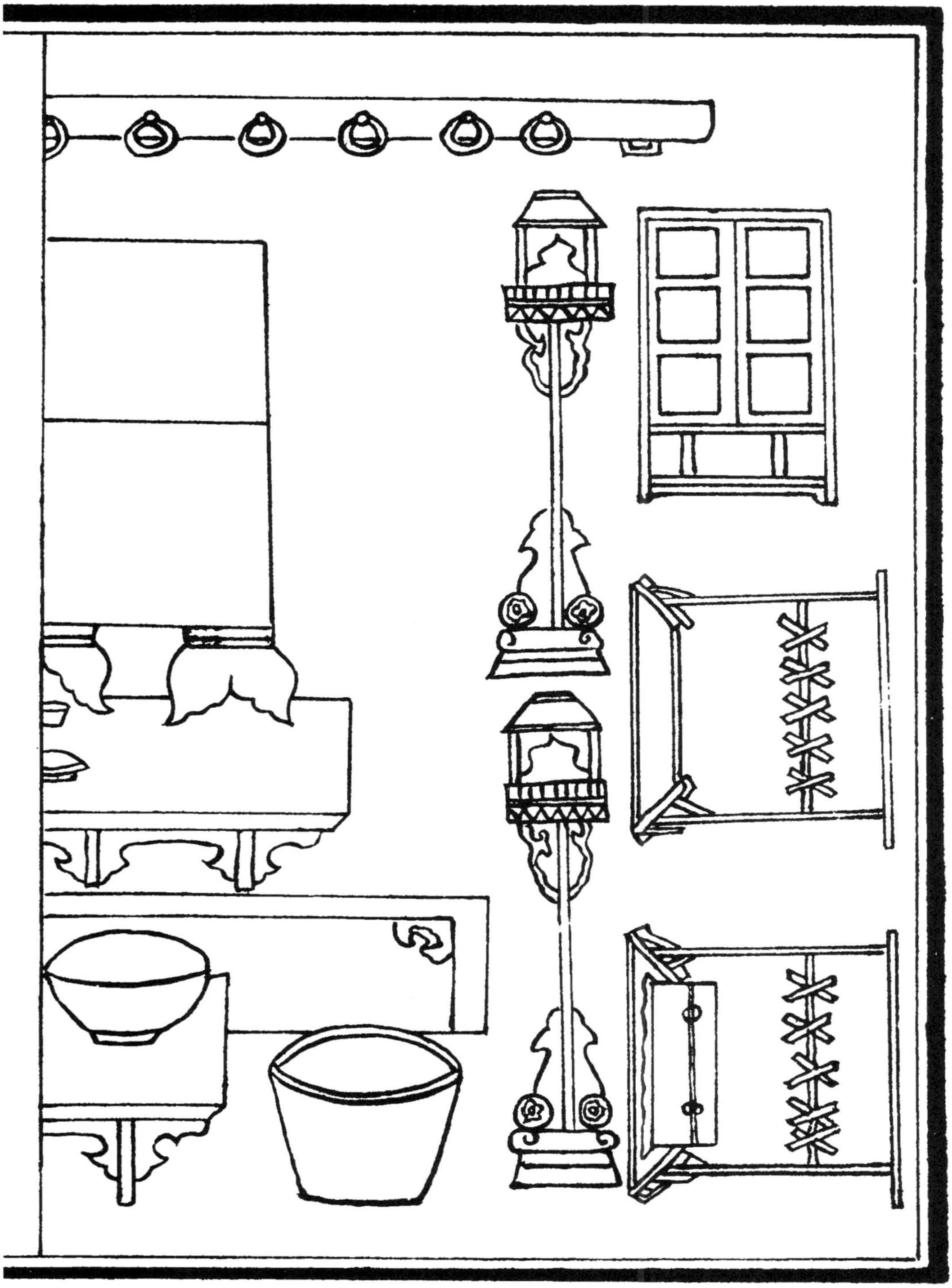

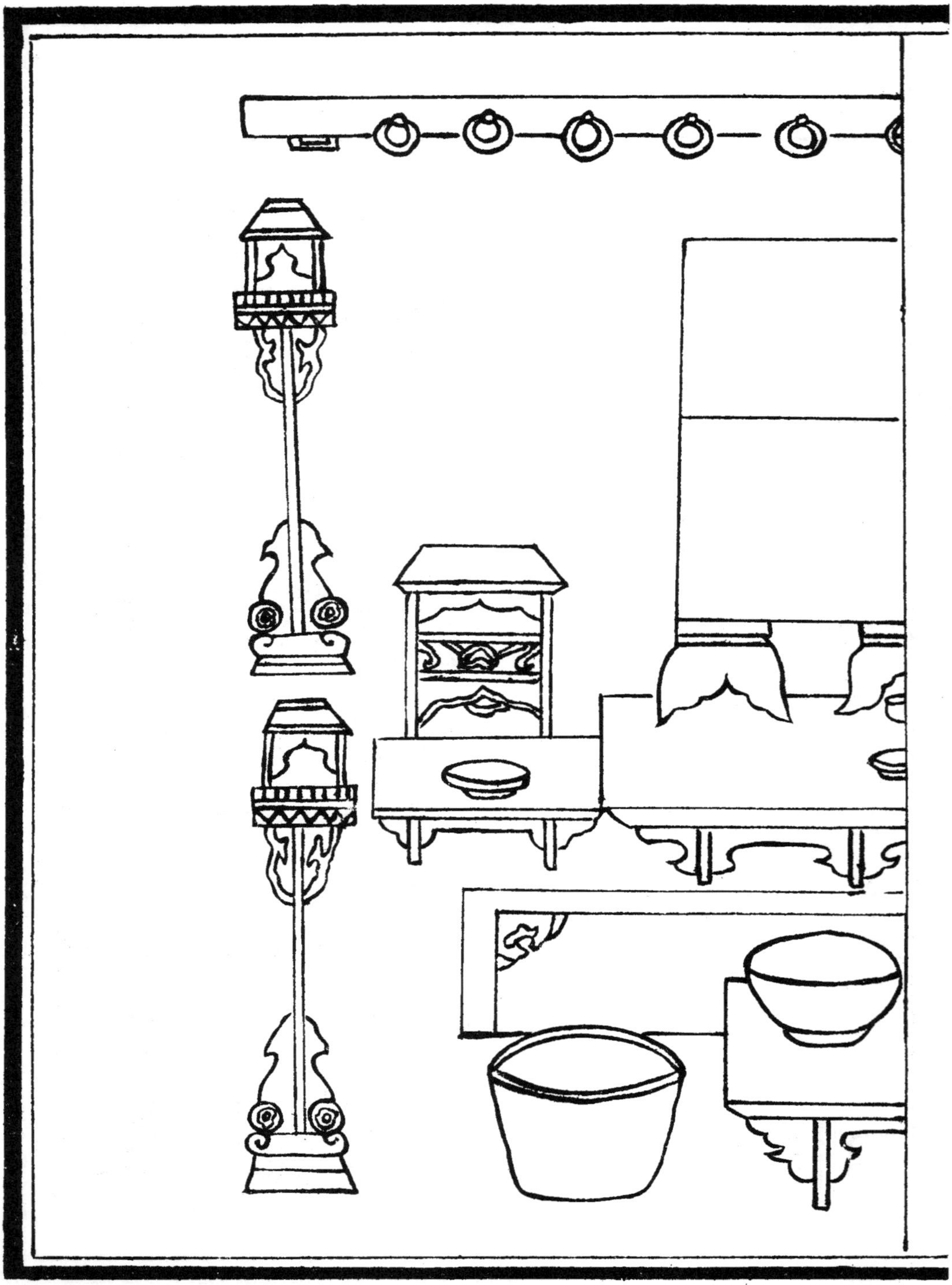

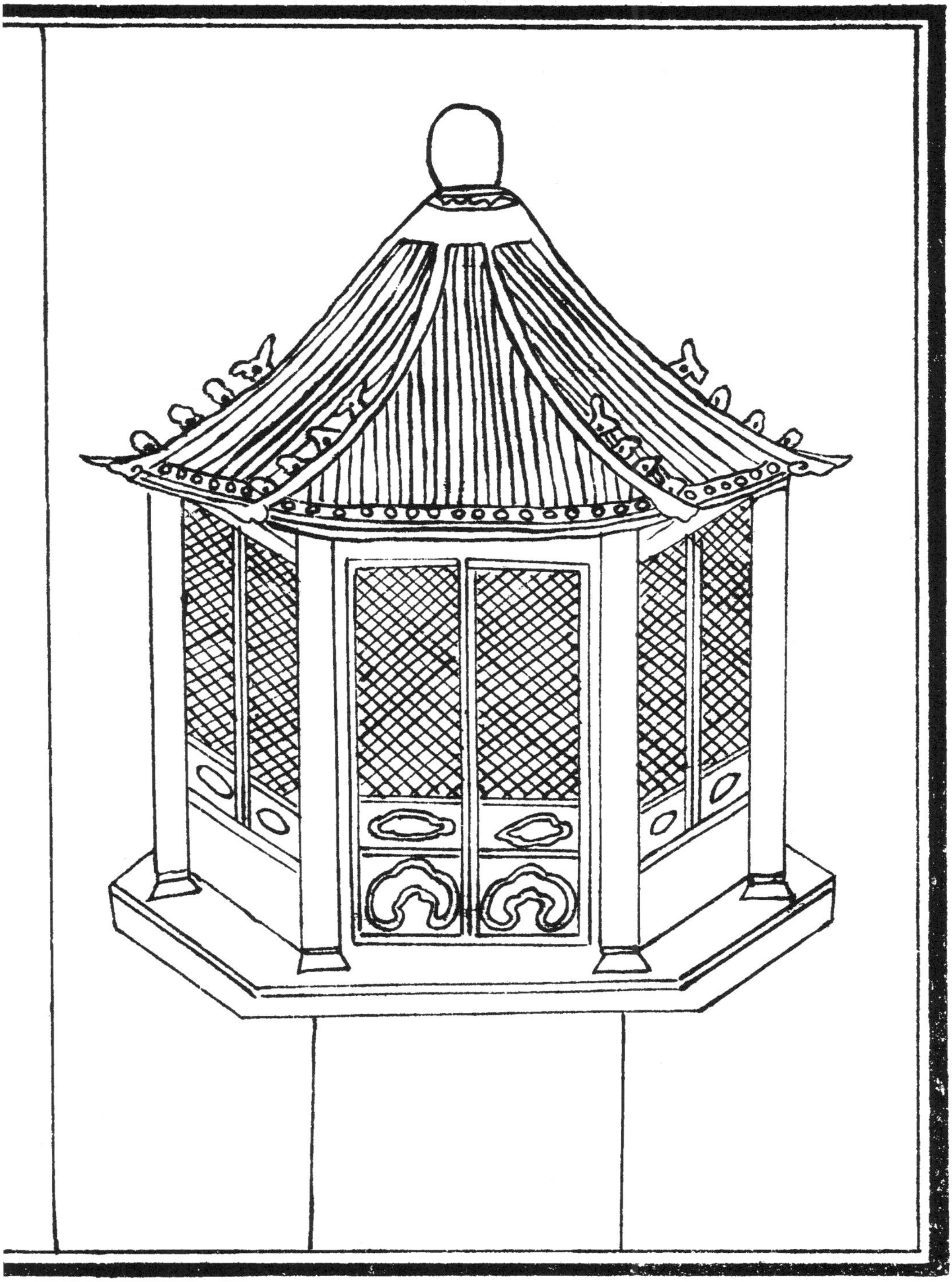

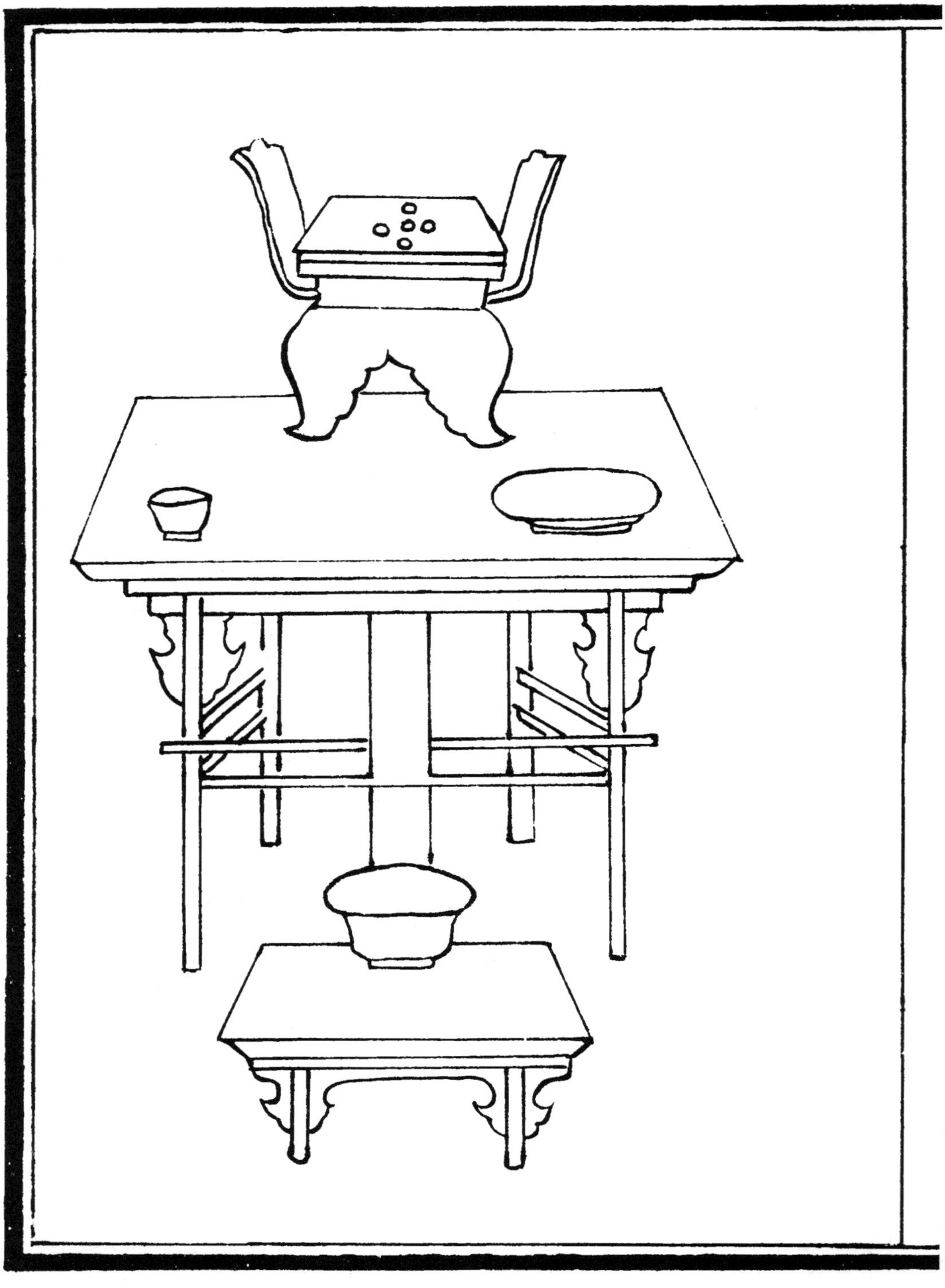

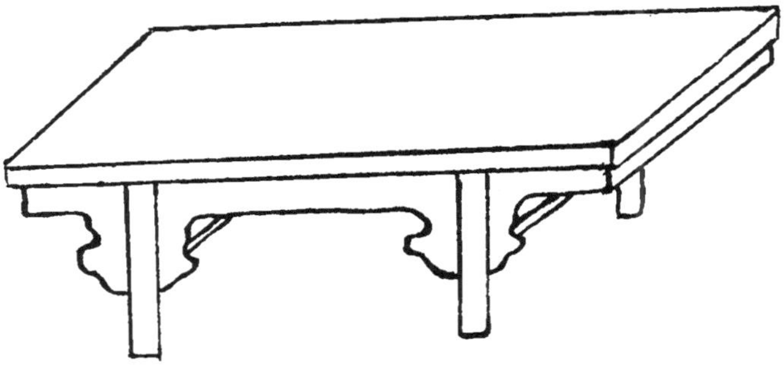

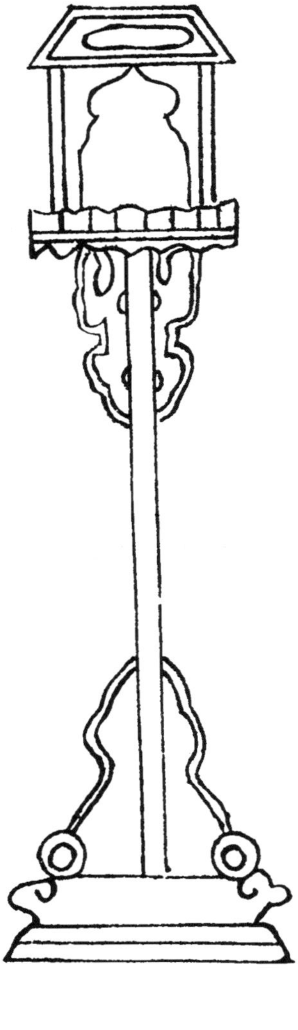

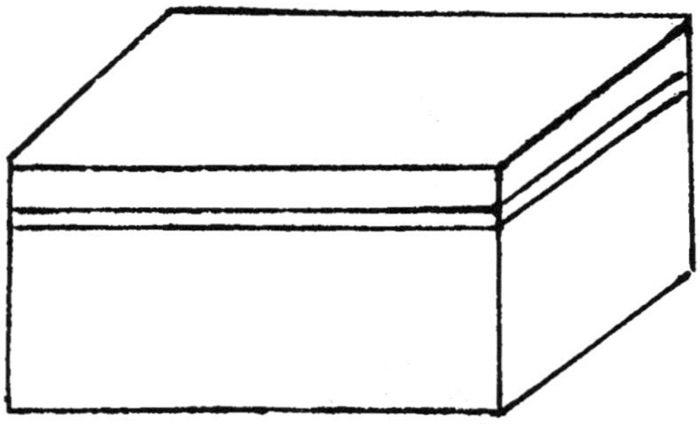

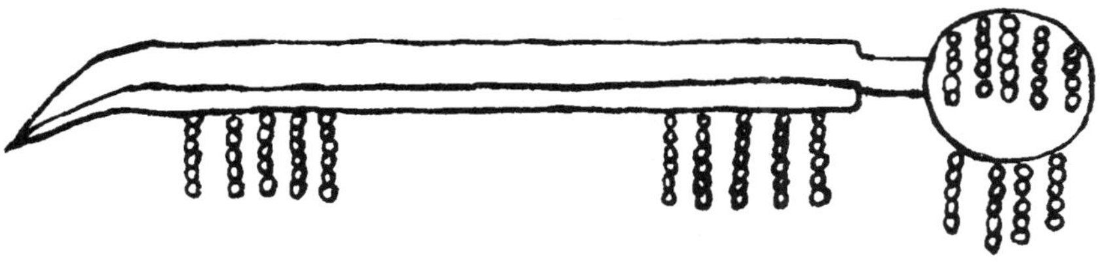

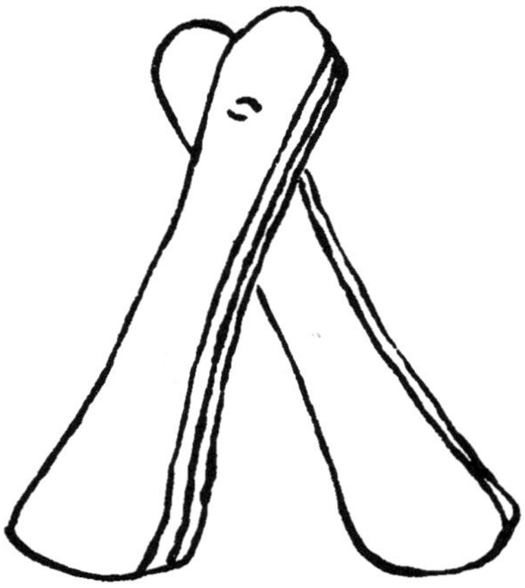

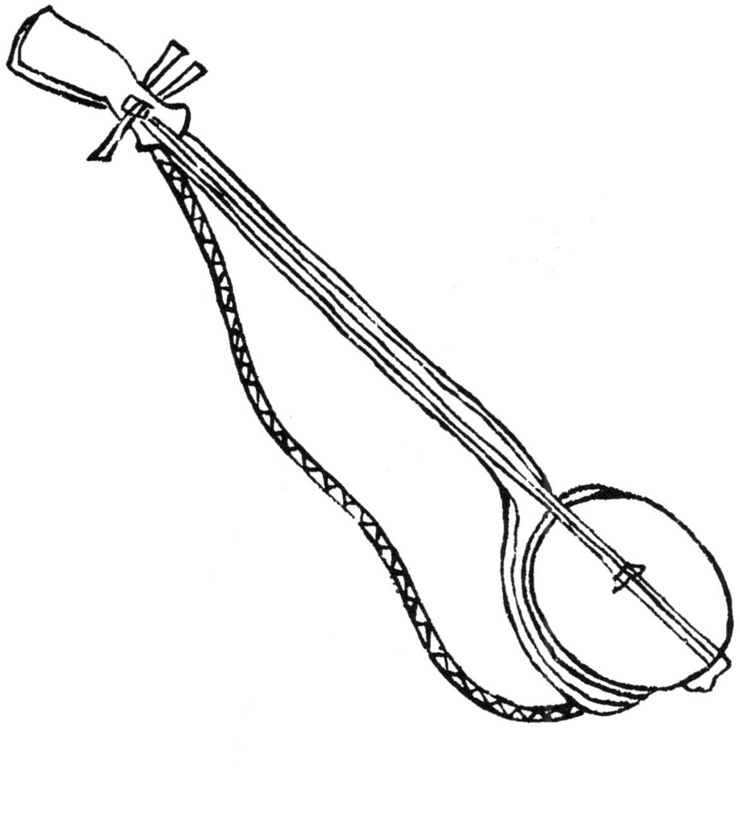

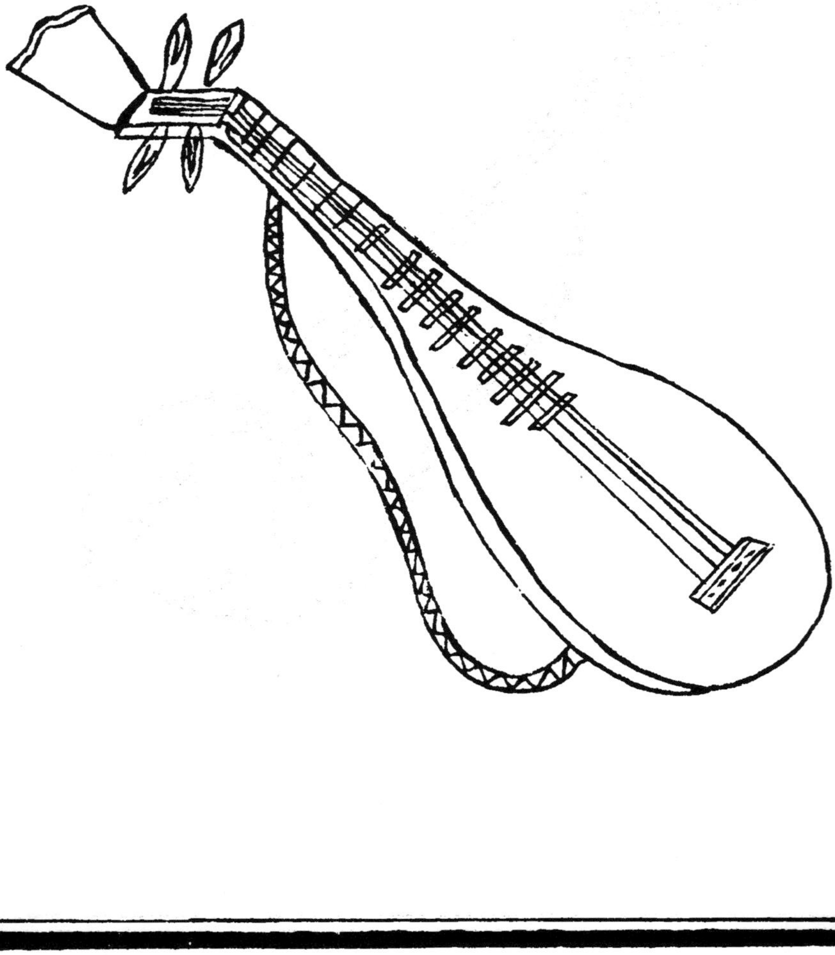

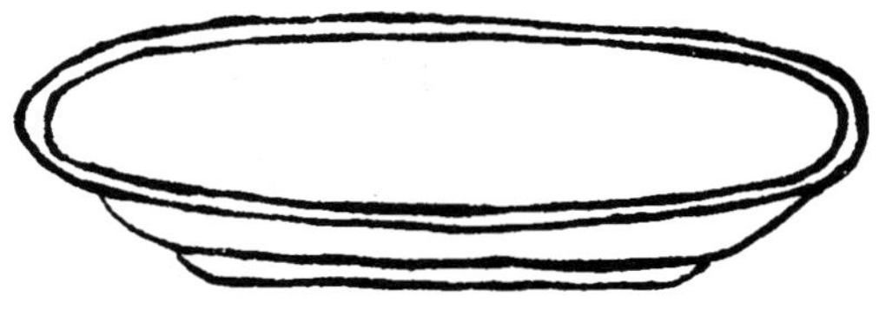

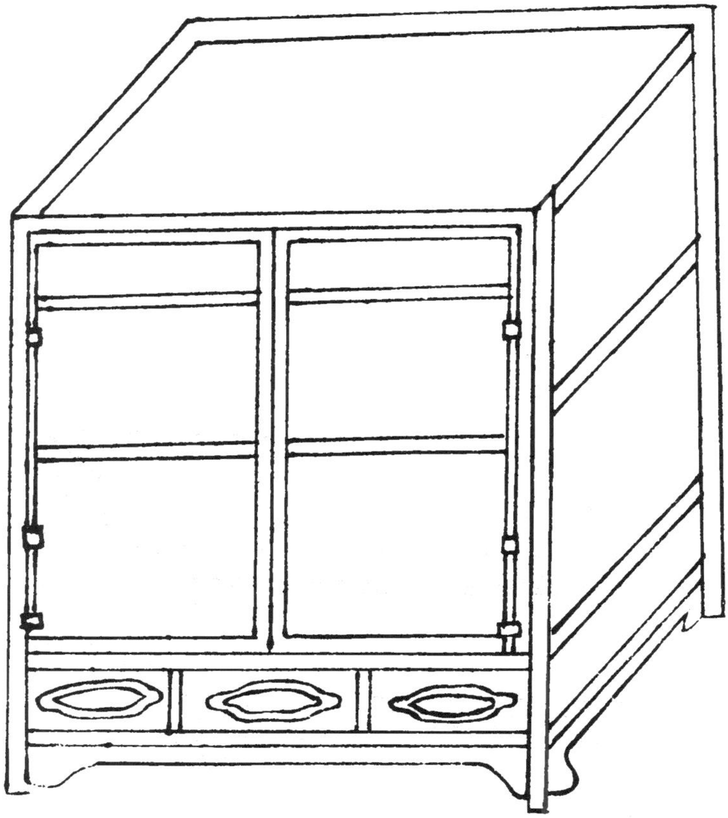

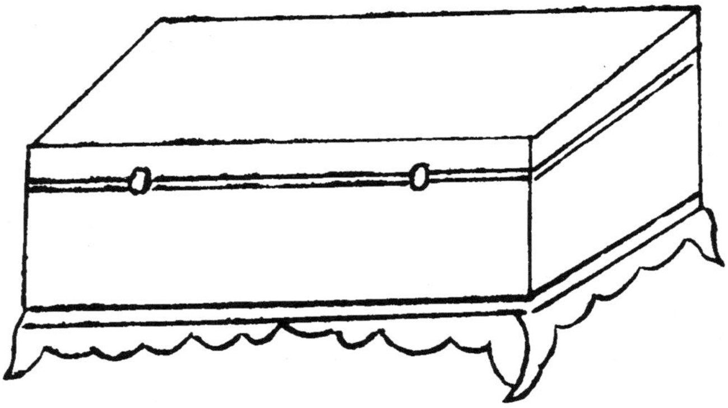

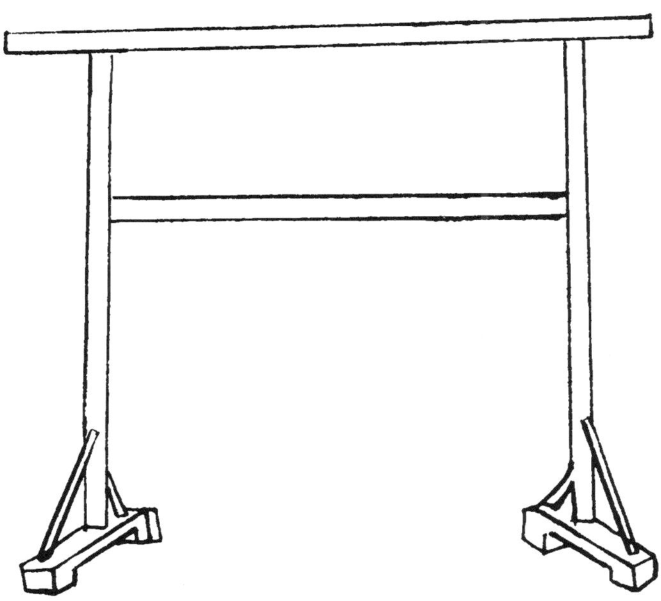

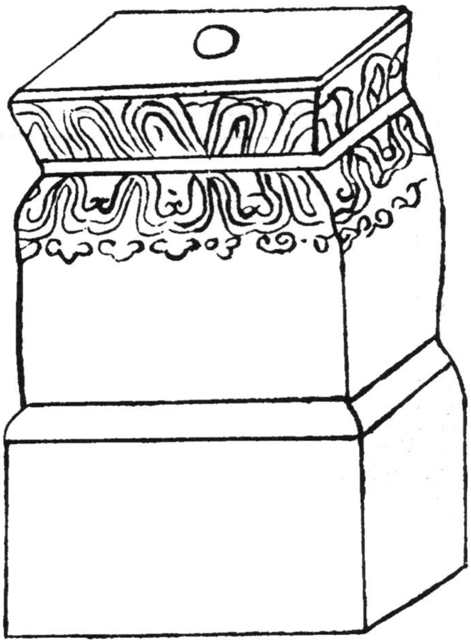

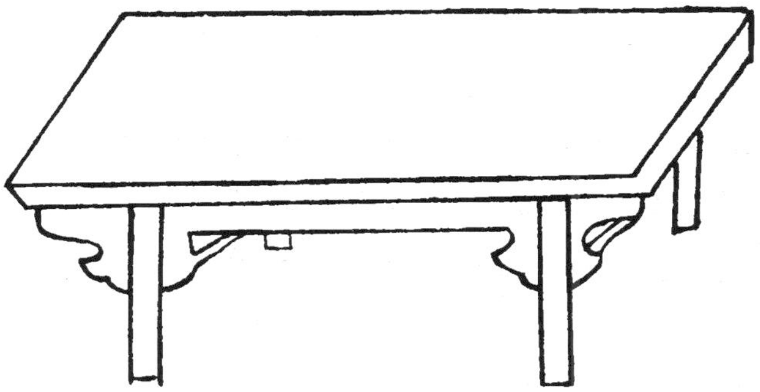

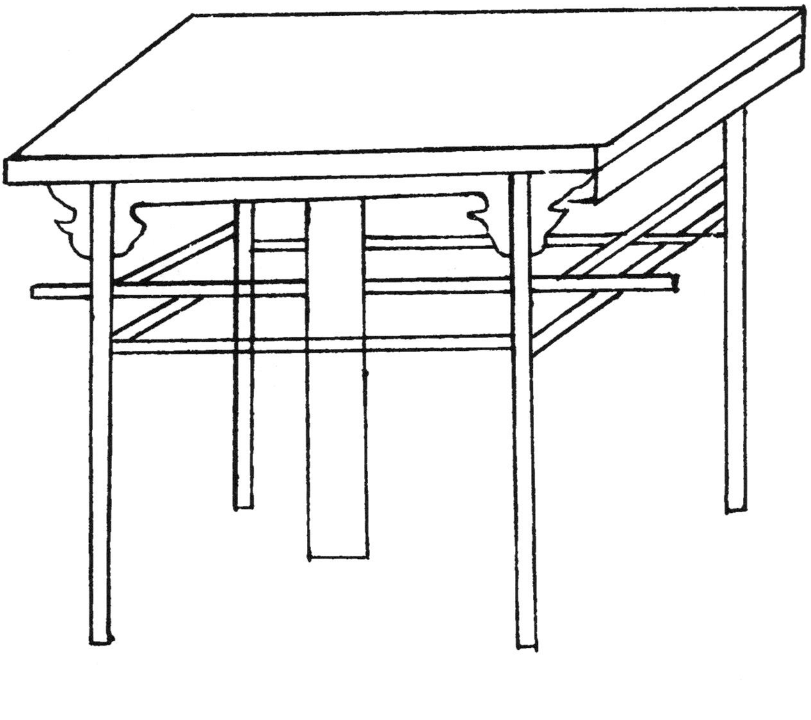

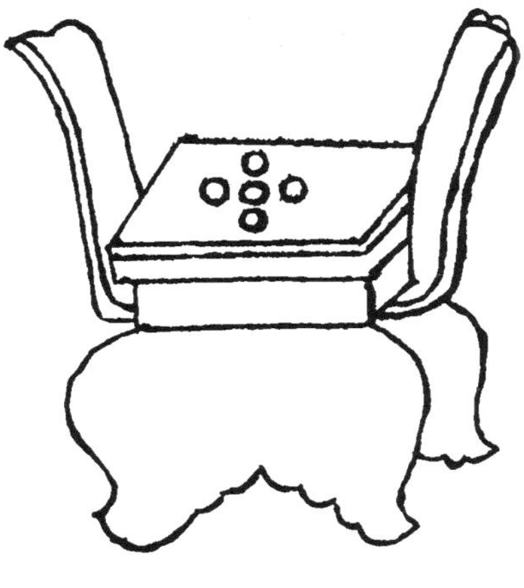

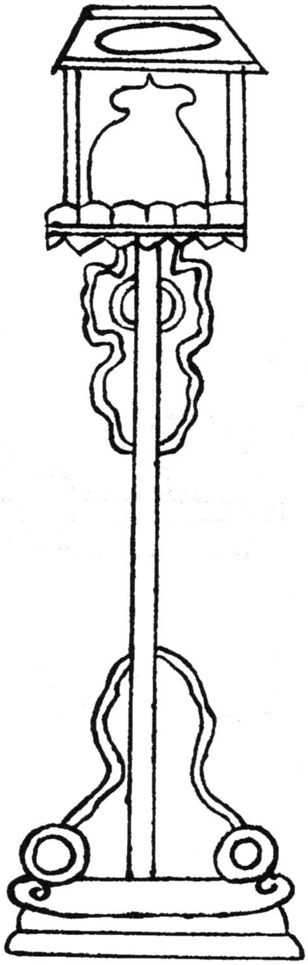

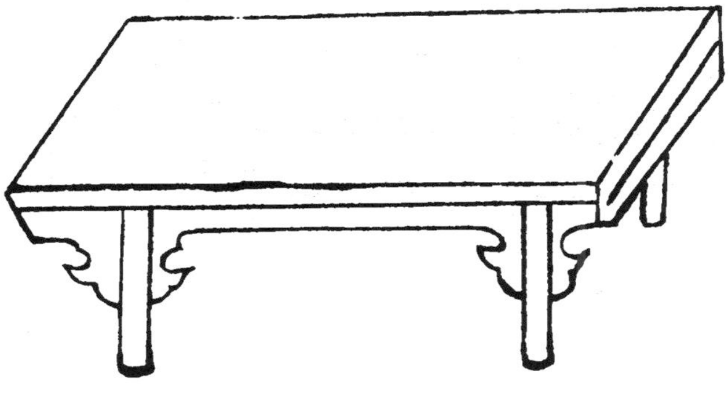

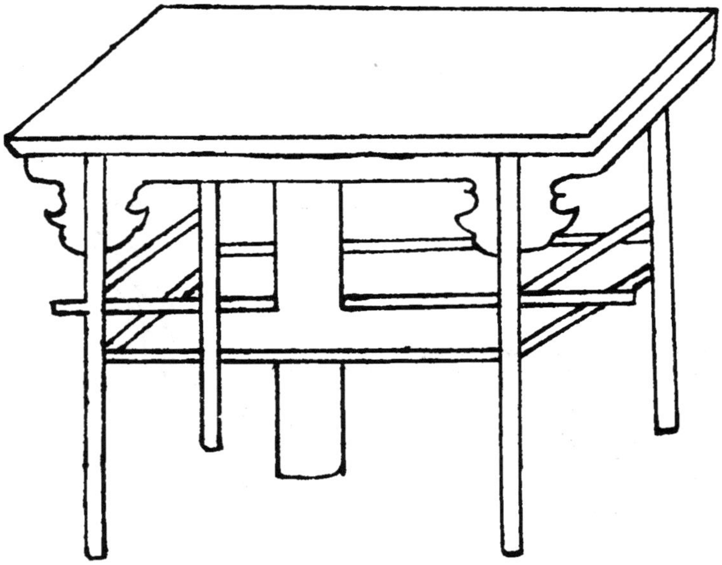

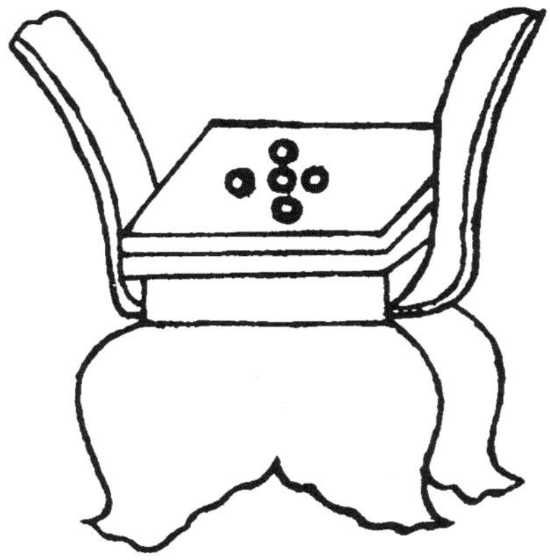

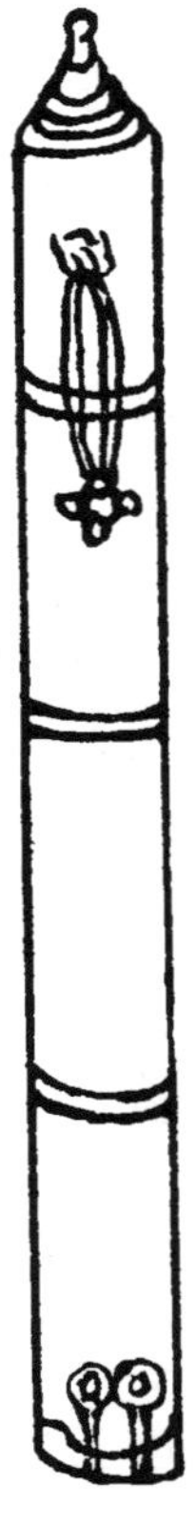

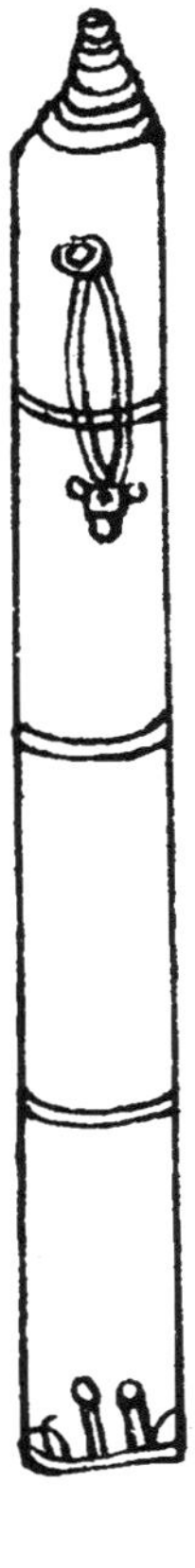

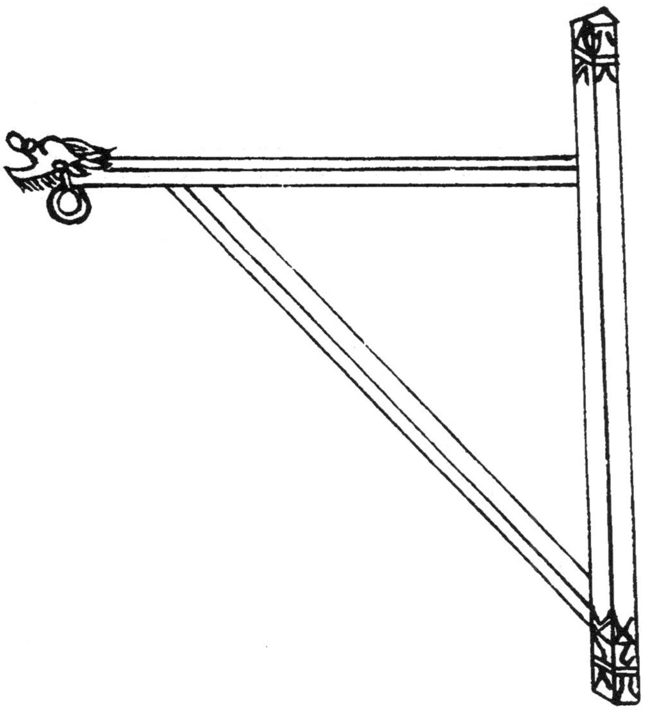

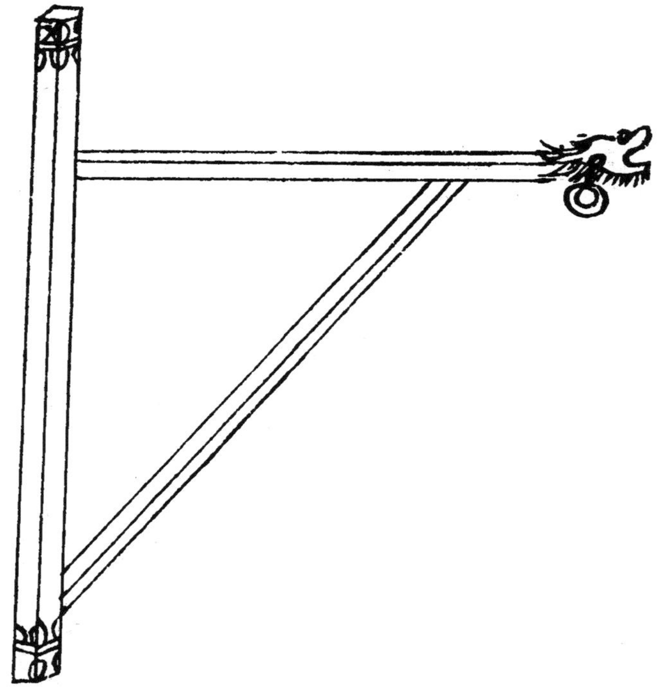

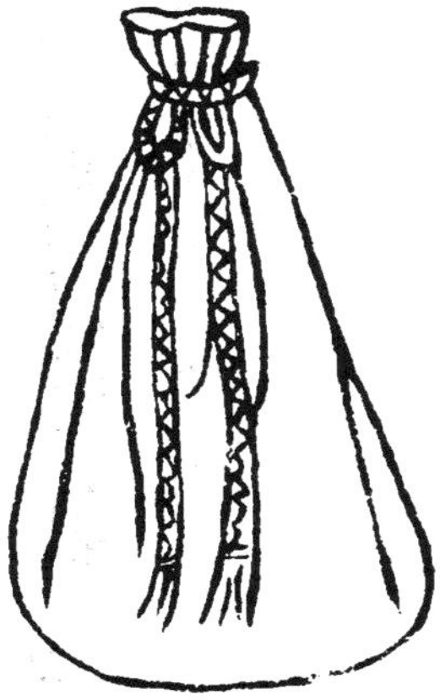

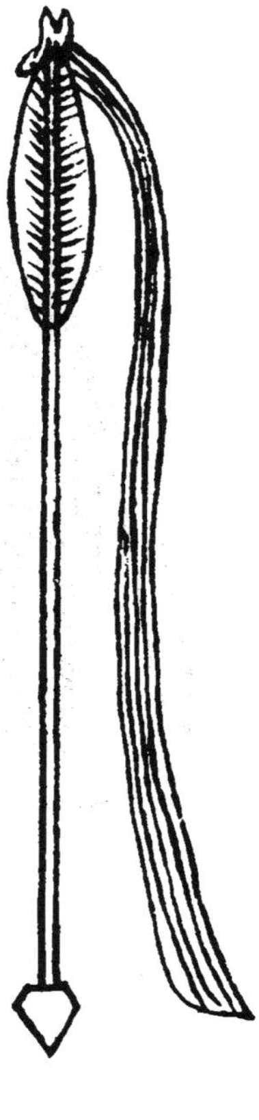

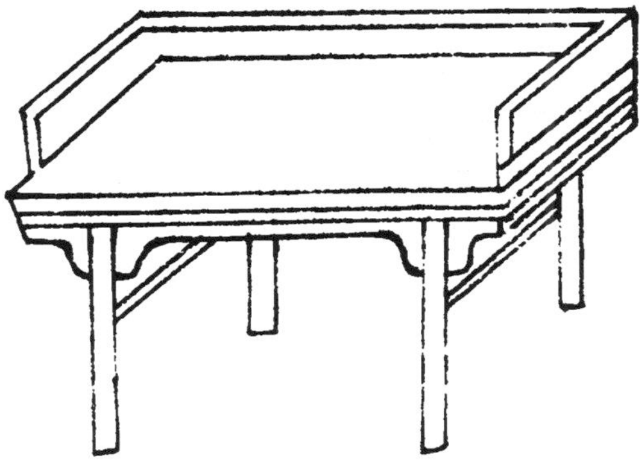

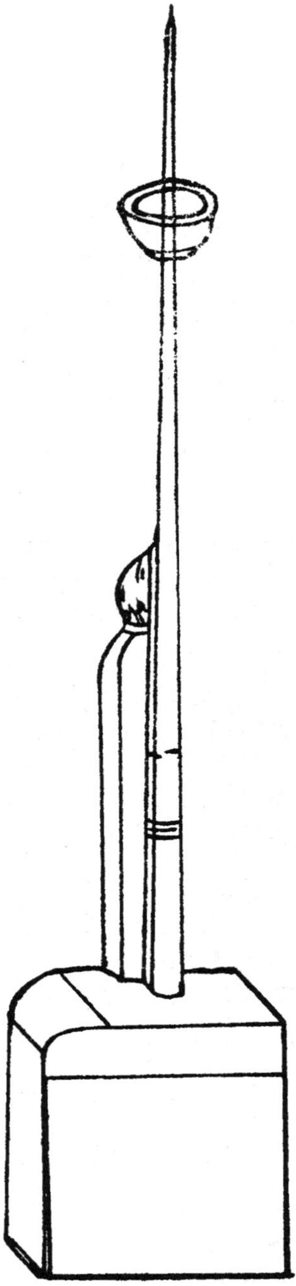

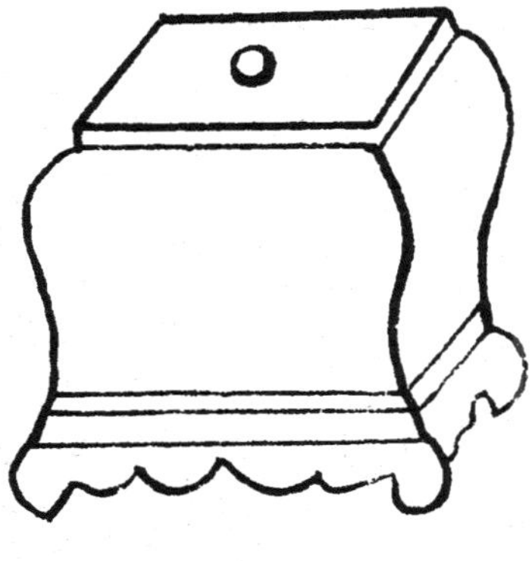

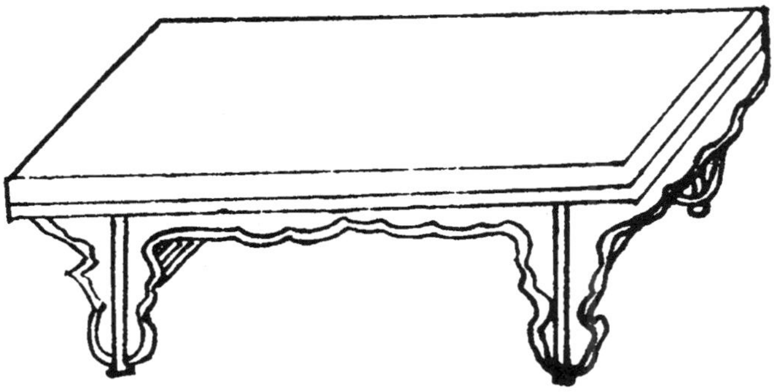

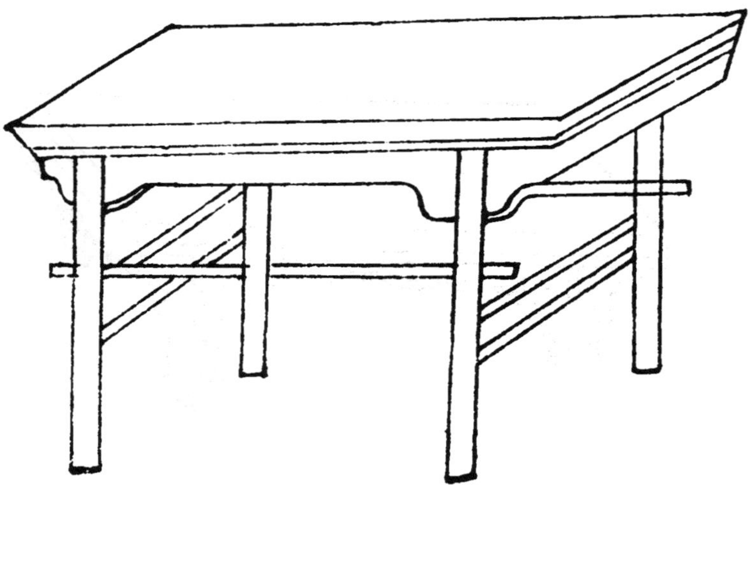

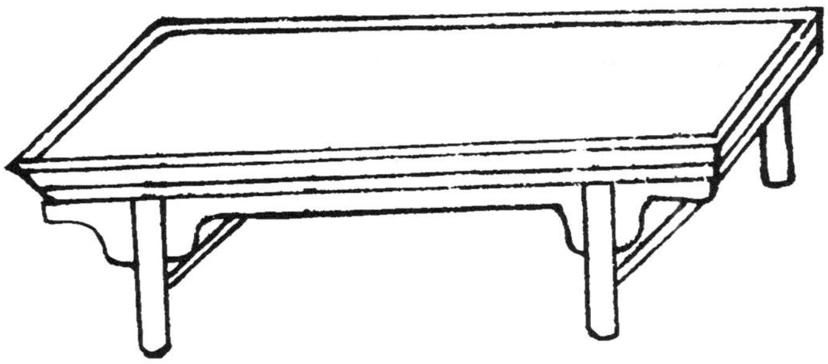

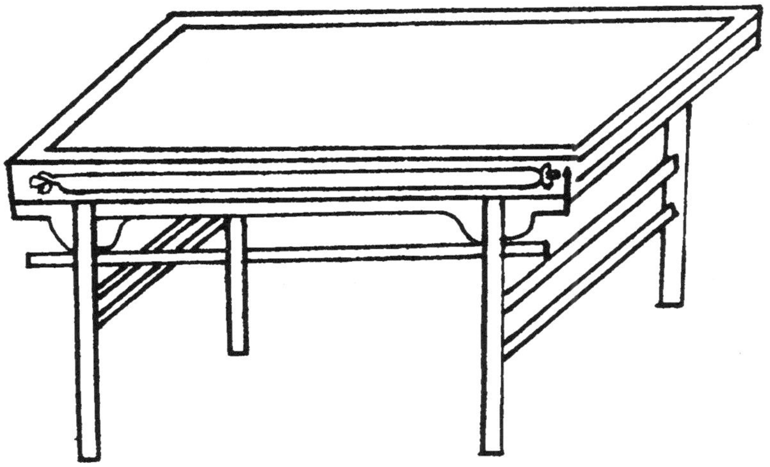

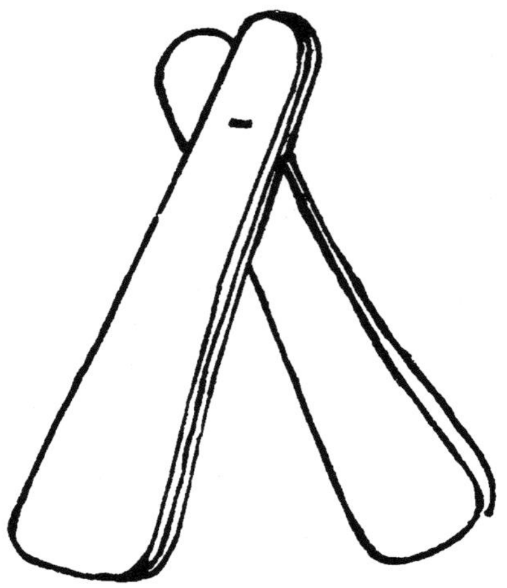

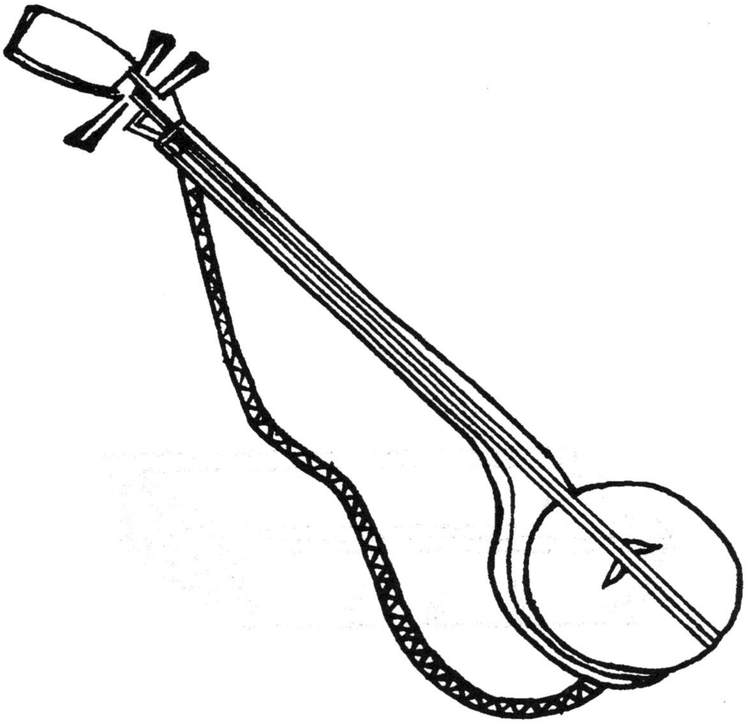

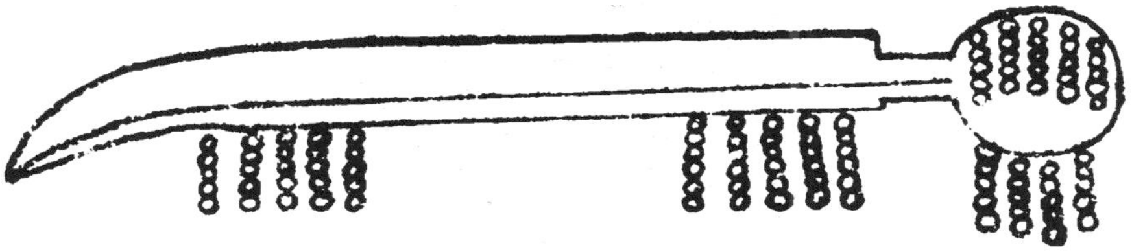

二

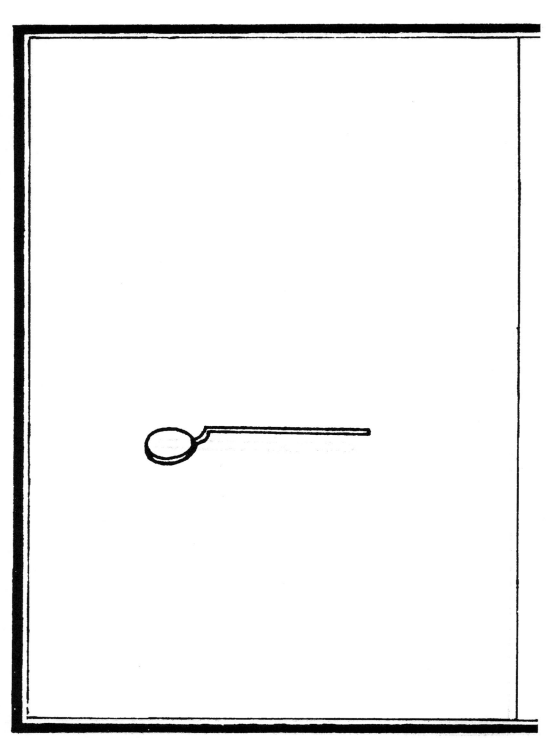

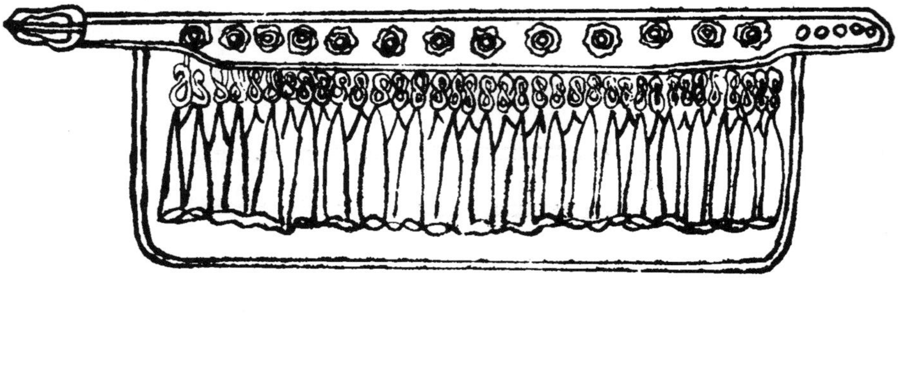

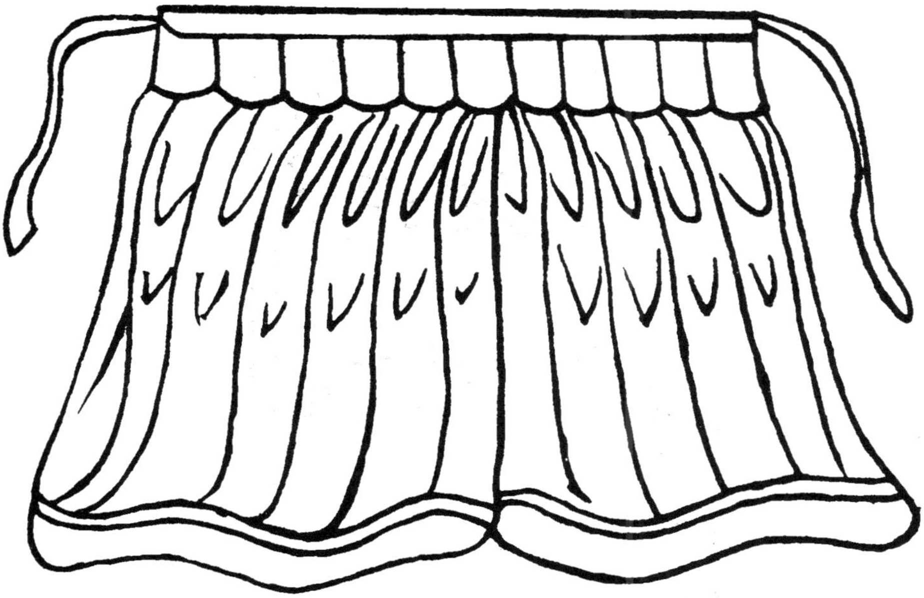

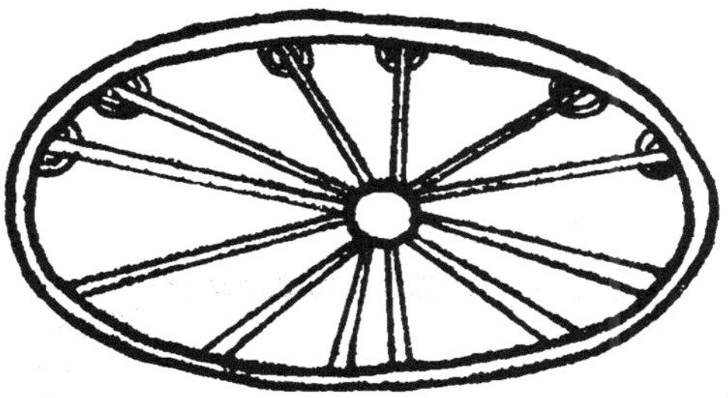

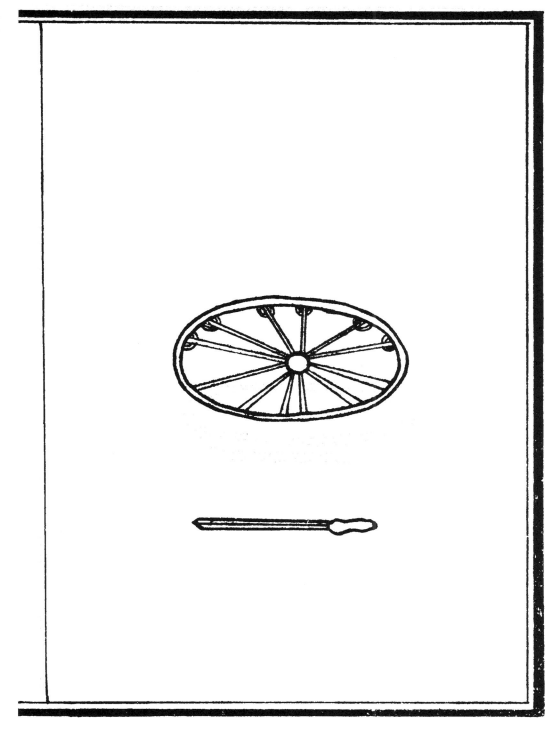

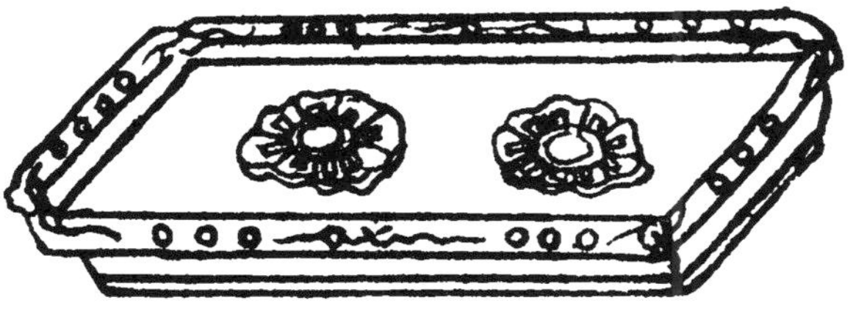

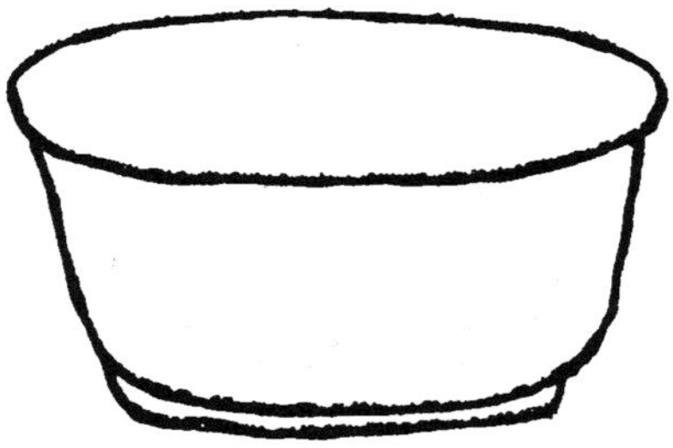

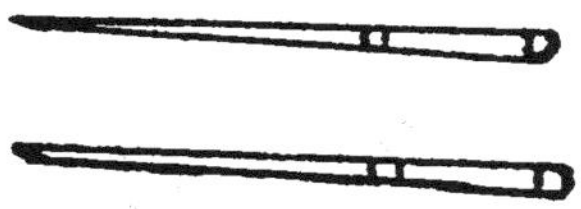

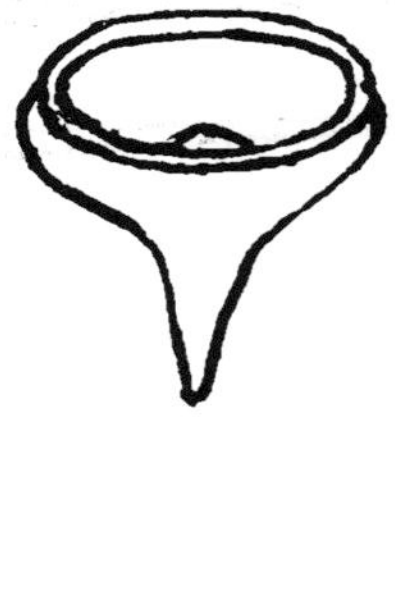

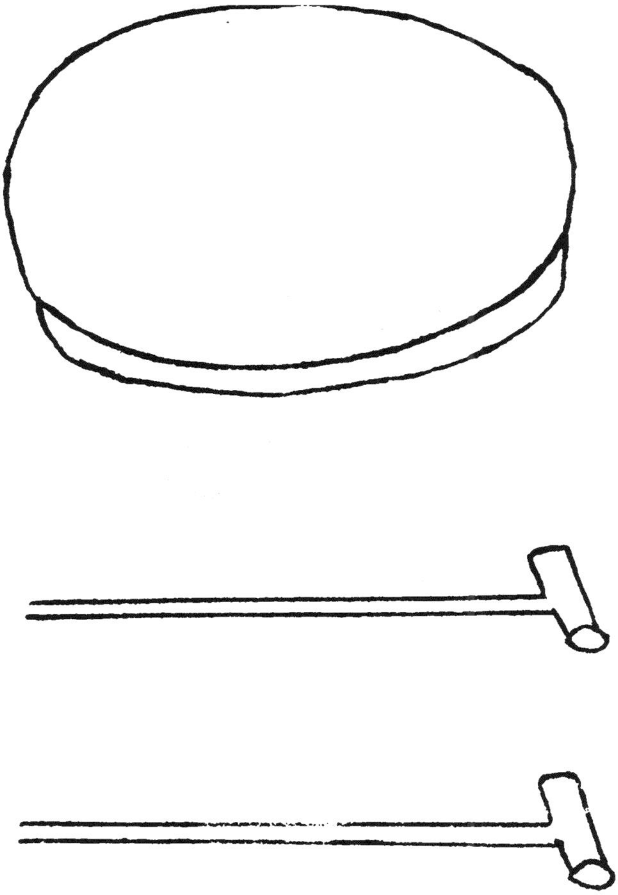

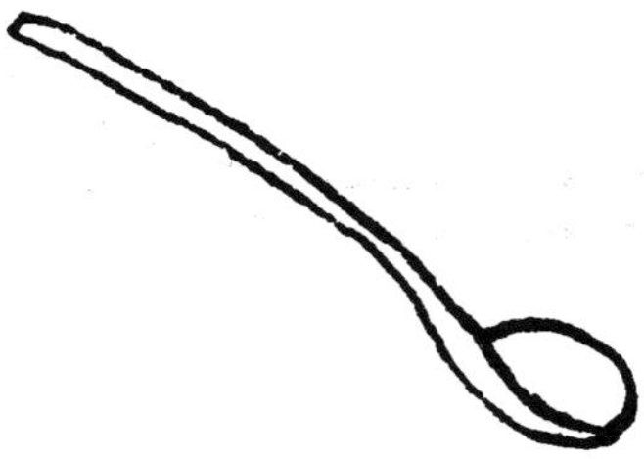

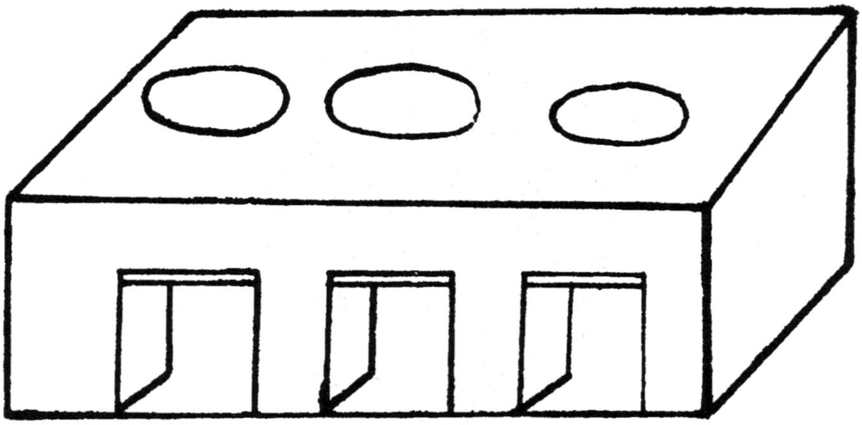

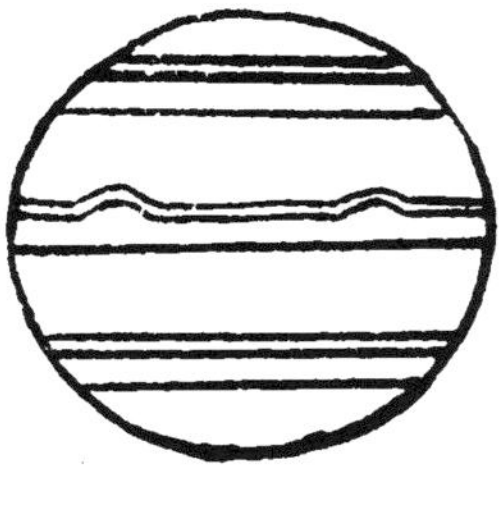

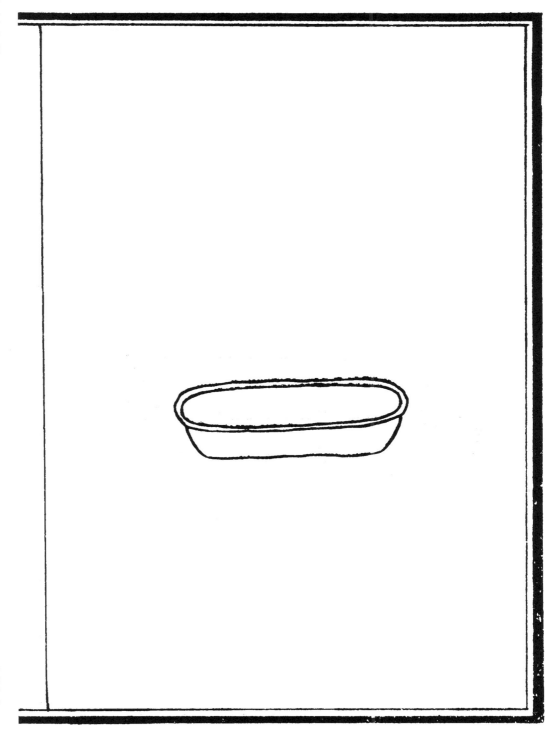

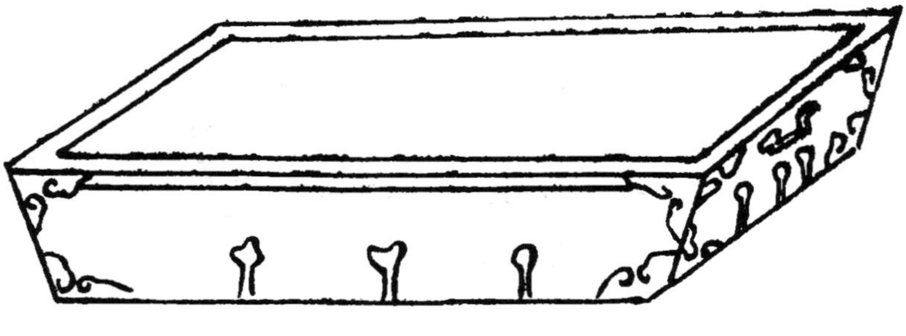

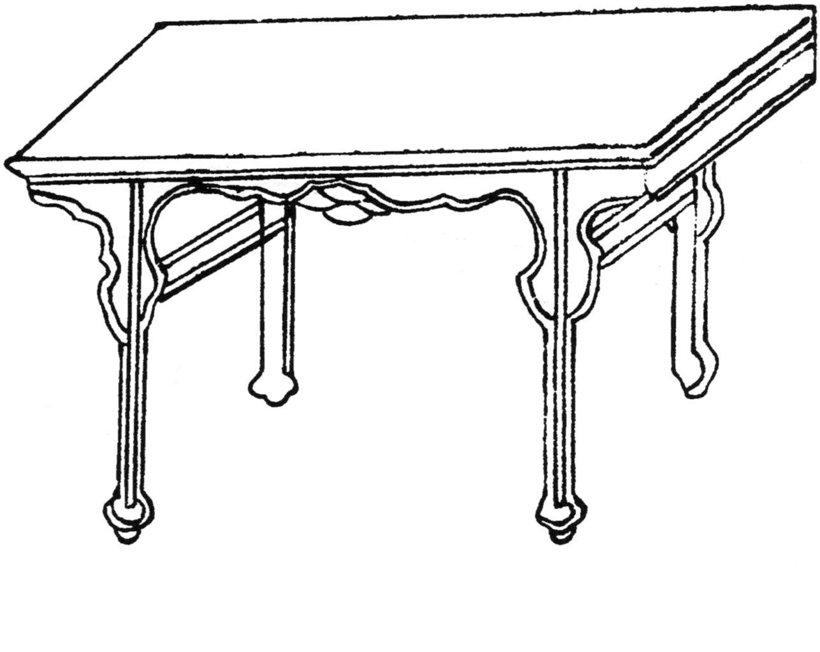

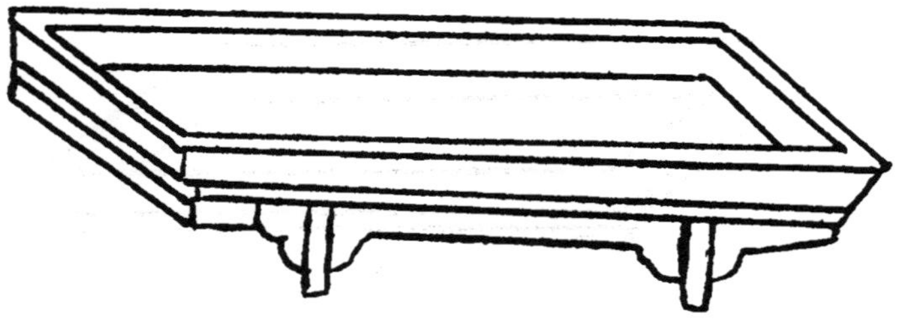

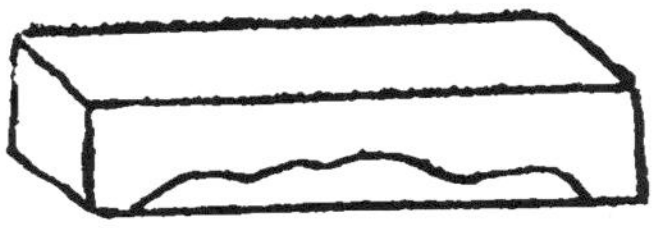

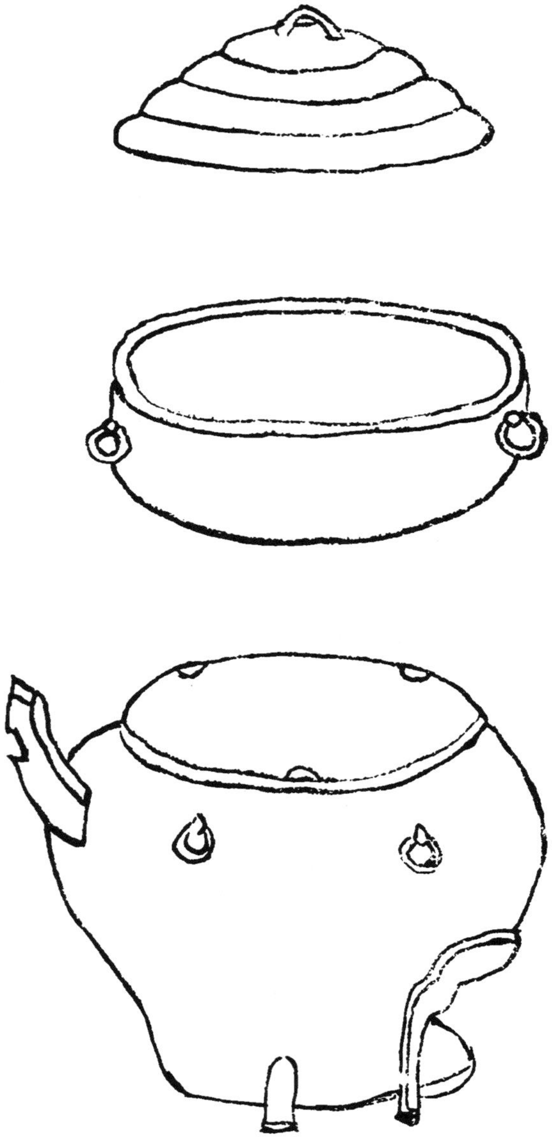

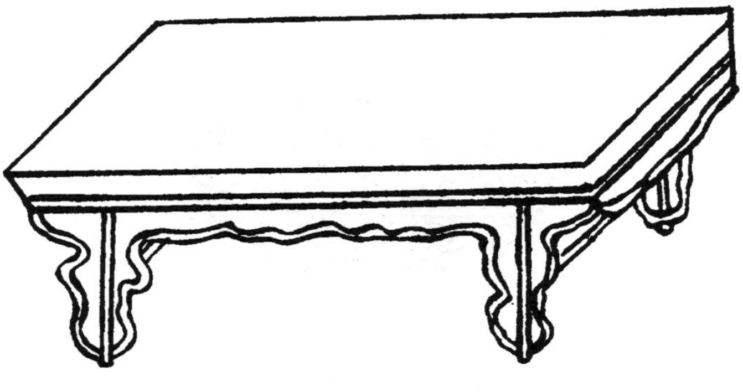

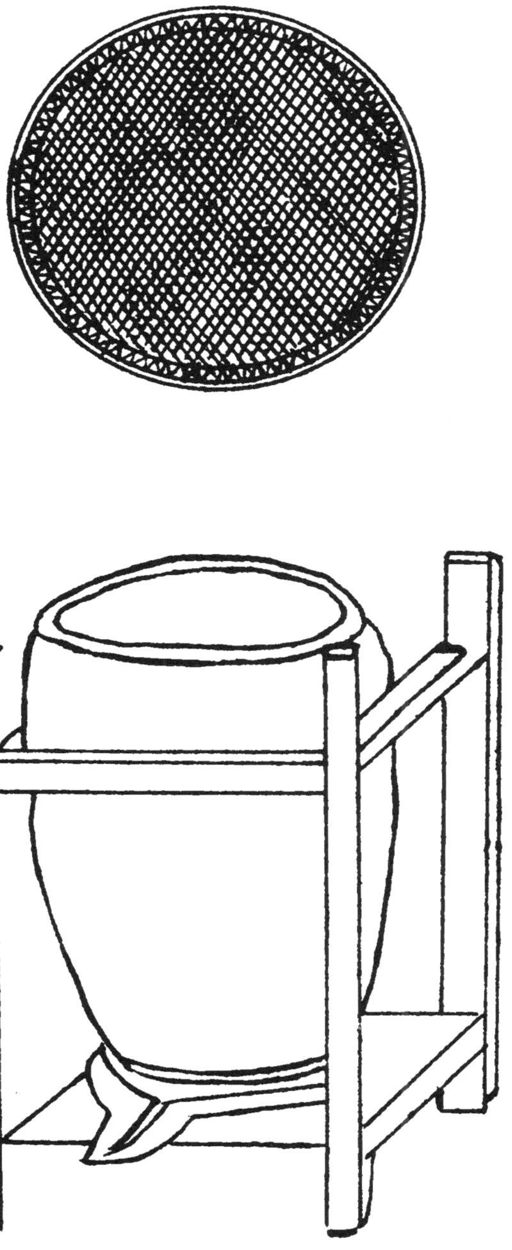

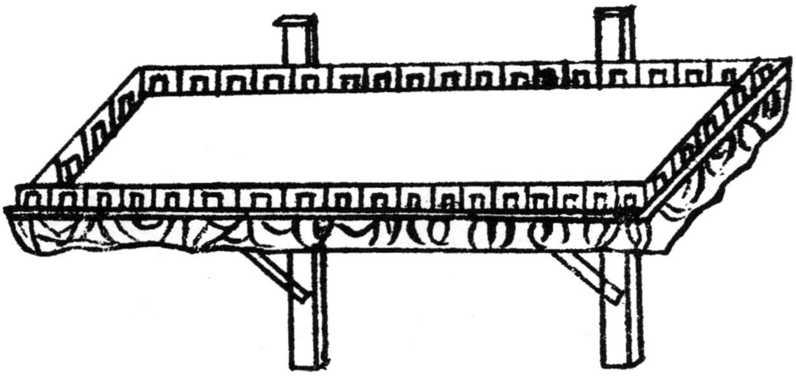